BERND SCHUCHTER

Innsbruck

ABSEITS DER PFADE

Eine etwas andere Reise durch
die Stadt mit dem Goldenen Dachl

braumüller

Bibliografische Information der Deutschen Nationalbibliothek
Die Deutsche Nationalbibliothek verzeichnet diese Publikation in der Deutschen Nationalbibliografie – detaillierte bibliografische Daten sind im Internet über http://dnb.d-nb.de abrufbar.

Printed in Austria

1. Auflage 2015

Servitengasse 5, A-1090 Wien
www.braumueller.at

Fotos:
© Bernd Schuchter S. 20, 21, 23, 25, 26, 27, 31, 32, 34, 35, 36, 37, 38, 94, 95, 96, 98, 108, 109, 155, 178, 189.
© Peter Gründhammer S. 6, 15, 30, 44, 46, 47, 51, 56, 57, 62, 63, 64, 65, 66, 67, 70, 72, 73, 74, 75, 76, 77, 80, 83, 84, 100, 102, 106–107, 107, 109, 110, 111, 112, 113, 115, 117, 119, 120, 122, 123, 124, 127, 129, 138, 142, 147, 149, 150, 155, 160, 167, 171, 175, 177, 187, *www.petergründhammer.at*

Andere Bezugsquellen:
Wappen Innsbruck S. 8: wikicommons | basierend auf Jürgen Krause
Karte S. 10–11: *Anonymer Kupferstich aus: Johann Ludwig Gottfried, „Neuwe ARCHONTOLOGIA COSMICA, Das ist Beschreibung aller Kayserthumben ...", erschienen bei: Wolffgang Hoffman, Frankfurt/M. 1638, 21,3 x 32,8 cm.*
Dank an Dr. Peter Adelsberger, Antiquariat Gallus, für die Zurverfügungstellung des Bildes.
Karten S. 16, 40, 90, 130, 152:
openstreetmap.org | © OpenStreetMap-Mitwirkende (CC BY-SA 2.0)
S. 116ff.: Heinrich Heine, Reisebilder II, Kapitel XI, 1827 erstmals erschienen

Druck: Druckerei Theiss GmbH, A-9431 St. Stefan im Lavanttal
ISBN 978-3-99100-142-3

Den Innsbruckern gewidmet,
besonders M., J. & M.

Inhalt

„Innsbruck, ich muss dich lassen."
Kolportierter Ausspruch Kaiser Maximilians I., der Innsbruck anscheinend überstürzt verließ, weil er so viele Schulden bei den Innsbrucker Bürgern hatte, tatsächlich aber Titel- und Liedzeile von einem Werk von
Heinrich Isaac

„Innsbruck selbst ist eine unwohnliche, blöde Stadt."
Heinrich Heine, Reisebilder

„Innsbruck liegt herrlich in einem breiten, reichen Tale, zwischen hohen Felsen und Gebirgen. Erst wollte ich da bleiben, aber es ließ mir keine Ruhe."
Johann Wolfgang von Goethe, Italienische Reise I.

Anonymer Kupferstich (1638)

Oenus fl.

Innsbruck – das Herz der Alpen

Wer sich entschließt, nach Innsbruck zu reisen, wird zwangsläufig mit dem Schlagwort „Herz der Alpen“ konfrontiert. Es ist mehr als ungeklärt, ob das Herz der Alpen in Innsbruck schlägt. Dieser Titel verdankt sich dem Bemühen der Tirol Werbung, die seit Jahrzehnten – als anderswo Marketing noch ein Fremdwort war – das Image der Stadt und des Landes Tirol aufgehübscht in die weite Welt trägt.

Was dennoch jedem sofort ins Auge fällt, wenn er in Innsbruck ankommt, ist die sehr spezielle geografische Lage: Innsbruck liegt als Tor nach Italien an einer wichtigen Transitroute und mitten im Hochgebirge. In unmittelbarer Nähe der Stadt ragen im Süden der Patscherkofel und im Norden die Nordkette über 2000 Meter in die Höhe und bieten ein spektakuläres Bergpanorama. Ein weiteres Charakteristikum der Stadt ist der hier übliche Wind, der Föhn – ein warmer Südwind, der vom Brenner her die Berge herabsaust und Innsbruck über das Jahr erstaunlich viele Schönwettertage beschert. Während im restlichen Österreich Hochnebel oder Regen herrschen, strahlt in Innsbruck die Sonne vom blauen Himmel – was wiederum zur Tirol Werbung zurückführt, die diese Bilder von sonnigen Bergpanoramen in die ganze Welt schickt.

Touristen kommen nicht erst seit den Olympischen Winterspielen, die 1964 und 1976 in Innsbruck ausgetragen wurden, sondern in erster Linie wegen der Natur und dem Sport, also der Möglichkeit, in den Bergen rund um Innsbruck dem Wintersport zu frönen oder im Sommer alpin und hochalpin zu wandern; indische Reisende kommen wegen der Traumsequenzen in Bollywood-Filmen, die meist auf Almwiesen vor Berggipfeln spielen und daher zwangsläufig in Österreich oder in der Schweiz gedreht werden müssen. Auch das eine Frage der Werbung …

Die Tiroler nehmen die Besucher meist gleichmütig bis leicht genervt hin, wie sie den hiesigen Föhn als notwendiges Übel hinnehmen. Während Gäste Devisen bringen, die die Tiroler Wirtschaft am Laufen halten, so braucht es den Föhn, damit das Wetter schön ist.

Die Kultur – wenn man darunter nicht ausschließlich die kultivierte Natur versteht – tat sich mit Innsbruck und seiner Umgebung über die Jahrhunderte schon weitaus schwerer, wie schon Heinrich Heine in seinen *Reisebildern* bemerkte, indem er über die Einheimischen bissig schrieb: „Die Tiroler sind schön, heiter, ehrlich, brav, und von unergründlicher Geistesbeschränktheit."

Dieser kleine Reiseführer lädt ein, Innsbruck abseits der Pfade kennenzulernen, denn abseits der wegen ihrer Architektin Zaha Hadid international bekannten Sprungschanze am Bergisel und abseits des Wahrzeichens der Stadt, dem Goldenen Dachl in der Altstadt, abseits der üblichen Sehenswürdigkeiten gibt es in Innsbruck und Umgebung zahllose kleine und größere Entdeckungen zu machen, Plätze und Orte, die einen anderen Blick auf diese schon so oft beschriebene Stadt erlauben.

Mein Zugang zu dieser Stadt kann nur ein persönlicher sein, Innsbruck ist meine Geburtsstadt – ich habe also einen von Vorurteilen und Ungerechtigkeiten getrübten Blick;

allerdings verändert sich über die Jahre die Meinung, gerade wenn man eine Zeit lang woanders gelebt hat und dann zurückkommt, wie es bei mir der Fall war – dann verändern sich Wege, die man früher schon gegangen ist, und zu den Kindheitserinnerungen gesellen sich neue Gedanken und man kann die Wege und Pfade anders sehen.

So lade ich alle Flaneure ein, mich mit diesem anderen Blick auf diesen anderen Pfaden zu begleiten.

Die Stiftgasse in der Innsbrucker Altstadt

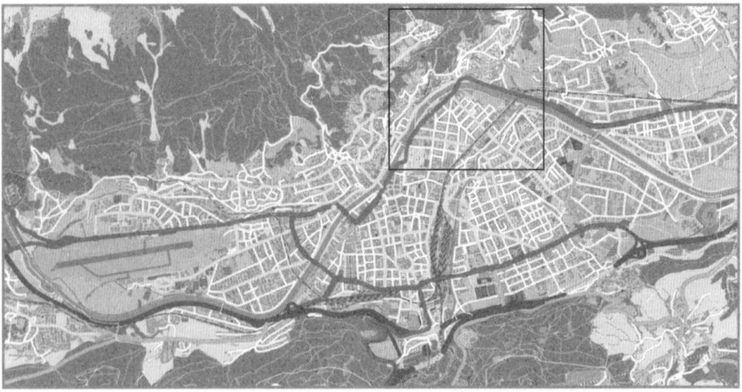

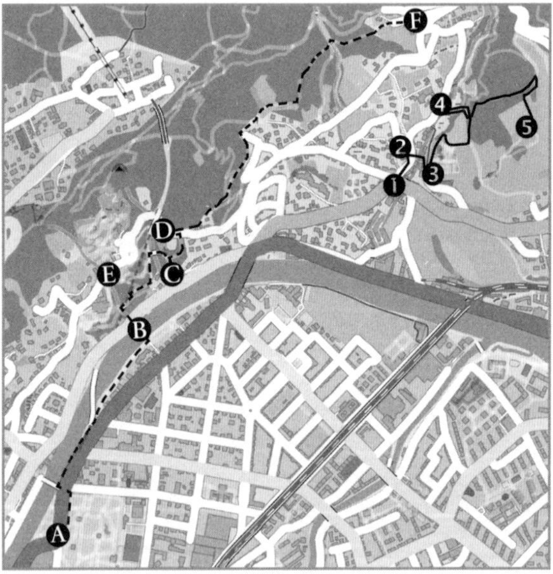

Mühlau
& Tiroler Literatur

1 Mühlau
2 Mühlauer Kirche
3 Mühlauer Friedhof
4 Fuchsloch
5 Scheibenbühel

Jüdischer Friedhof
& Wasserwerk

A Kongresshaus
B Hans-Psenner-Steg
C Ehemaliger jüdischer Friedhof
D Spielplatz Judenbühel
E Pavillon
F Wasserwerk

Zwischen Judenbühel und Scheibenbühel

Mühlau und die Tiroler Literatur

Mit einer gewissen Distanz eröffnet sich ein Blick, der einen Ort besser verstehen lässt. So auch bei Innsbruck – gerade in Tirol bietet sich an, von oben auf die Dinge zu schauen, das Inntal ist ja durchgehend von Bergen begrenzt, die meist steil in die Höhe führen. Landeck liegt zum Beispiel fast geduckt im immer enger werdenden Tal und die Ortschaft Rietz im Bezirk Imst bekommt im Winter bis zu drei Monate keine Sonne – über einen Zusammenhang mit Schwermut, Depression und Suizidrate kann nur spekuliert werden.

Bei Innsbruck jedenfalls ist das Tal nicht ganz so eng, dennoch ist der Raum begrenzt. Innsbruck ist eine Stadt mit etwa 125.000 Einwohnern und kann nur noch in die Breite wachsen, zwischen dem Fuß der Nordkette und dem Bergisel im Süden ist fast alles verbaut. Über die Jahrhunderte sind die umliegenden Dörfer ins Stadtgebiet hineingewachsen und die Stadt nach Osten und Westen in die Dörfer hinaus. Tatsächlich war Innsbruck eine Kleinstadt, die von der Jahrhundertwende an durch Eingemeindungen etwa von Pradl im Osten und Wilten im Westen (beide 1904) oder Mühlau im Norden (1938) langsam größer wurde; das rasanteste Wachstum erlebte die Stadt aber nach dem Zweiten Weltkrieg durch den Tourismus und die Olympischen Spiele.

Um das alles von nicht zu weit oben zu überblicken, macht man am besten einen Ausflug zum nahe gelegenen Scheibenbühel oberhalb von Mühlau. Mit Bus (Linien A und D) oder Auto ist man in wenigen Minuten vom Zentrum aus in Mühlau, vom Dorfbrunnen kann man einen Hohlweg hinaufgehen, an der Kirche vorbei, und dann nach wenigen Metern abzweigen zum alten Mühlauer Friedhof. Tirol ist traditionell – das hat sich seit Heinrich Heine nicht wirklich geändert – nicht in erster Linie für seine Literatur und seine Literaten bekannt. Seinen überschaubaren Beitrag zur internationalen Literatur des frühen 20. Jahrhunderts findet man eben genau hier, leicht oberhalb von Innsbruck auf dem Mühlauer Friedhof. Man entdeckt dort nicht nur die Gräber der Lyrikerin Anna Maria Achenrainer oder des Dichters Joseph Georg Oberkofler, sondern auch das Grab des berühmtesten Tiroler Dichters: Georg Trakl. Dass Trakl eigentlich Salzburger war, stört die Tiroler Bevölkerung und die Tiroler Germanisten nicht im Geringsten; Trakl wird als einer der ihren gesehen, und argumentiert wird das mit der nicht ganz von der Hand zu weisenden Bedeutung Innsbrucks für die überaus kurze Karriere des bekannten Lyrikers, der, ehe er sich nach traumatisierenden Erfahrungen im Ersten Weltkrieg das Leben nahm, einen wichtigen Teil seiner Lebenszeit in Innsbruck und Umgebung verbracht hatte und dessen literarischer Ruhm vor allem auf die Zeitschrift *Der Brenner* und deren Herausgeber Ludwig von Ficker zurückgeht.

Die Zeitschrift *Der Brenner* wurde unter anderem gegründet, um dem Südtiroler Naturphilosophen Carl Dallago eine Publikationsplattform zu bieten. Sie stand Karl Kraus und seiner Zeitschrift *Die Fackel* nahe und schaffte es in einer Zeit, als Tirol noch reinste Provinz war, ein Literaturblatt zu werden, das beste internationale Verbindungen pflegte und durch den Abdruck bekannter und weniger bekannter Autoren zu einem wichtigen Sprachrohr zeitgenössischer Literatur aufzusteigen.

Der Mühlauer Friedhof vom Scheibenbühel aus gesehen

Von Ficker lehnte übrigens die Veröffentlichung von Wittgensteins *Tractatus logico-philosophicus* ab, obwohl Wittgenstein gute Kontakte zum Brenner-Kreis pflegte und mit seinem Erbe, das er für wohltätige Zwecke verwendete, unter anderem Georg Trakl unterstützt wurde. Ludwig von Ficker verteilte im Auftrag von Karl Kraus und auf ausdrücklichen Wunsch von Wittgenstein das Erbe; neben Trakl wurden Rainer Maria Rilke, Carl Dallago, Oskar Kokoschka, Else Lasker-Schüler, Adolf Loos und andere unterstützt, oft ohne von der Herkunft des Geldes zu wissen.

Im *Brenner* veröffentlichte Georg Trakl von 1912 bis zu seinem Tod Gedichte, die Zeitschrift war ihm literarische Heimat. Ludwig von Ficker wohnte in Mühlau in einer Villa oberhalb der Kirche. Dort, wie auch in der Villa Hohenburg bei Igls auf der anderen Talseite, war Trakl oft zu Besuch. Mit Ficker ging Trakl auch auf Reisen, so existiert etwa eine Fotografie aus diesen Jahren, die einen ein wenig lächerlich und verloren wirkenden Georg Trakl in Badebekleidung zeigt, der mürrisch und gebückt am Lido von Venedig steht; es fiel ihm offensichtlich schwer, sich den harmlosen Freuden eines Sommertags unbeschwert hinzugeben.

In Innsbruck fand die einzige öffentliche Lesung Trakls aus seinen Gedichten statt – dem Publikum wird kaum bewusst gewesen sein, welch historischem Ereignis es beiwohnte; der Ruhm Trakls war nämlich ein später, der sich vor allem in der zweiten Hälfte des 20. Jahrhunderts herausbildete. 2014 wurde Georg Trakls 100. Todestag mit der Vollendung der historisch-kritischen Ausgabe begangen, die Innsbrucker Wissenschaftler besorgten. Die Forschungseinrichtung Brenner-Archiv an der Innsbrucker Universität existiert seit über fünfzig Jahren, ediert, untersucht und widmet sich – ganz im Sinne von Nietzsches antiquarischer Historie – vornehmlich der großen, leider kurzen bedeutsamen Vergangenheit der Zeitschrift *Brenner*, denn mit dem Ende des Ersten Weltkriegs und durch die für naiv-religiöse Schwärmereien anfällige Gattin Ludwig von Fickers versank die Zeitschrift rasch in der esoterischen Bedeutungslosigkeit.

Trakls Ehrengrab in Mühlau wird von einem beeindruckenden schwarzen Marmorkreuz dominiert, daneben liegt das Grab von Ludwig von Ficker; etwas weiter weg zu finden: das Grab von Carl Dallago, das wirklich sehenswert ist. Es

Das Grab von Georg Trakl mit Blumenschmuck am 100. Todestag des Dichters

besteht aus einem fast zwei Meter hohen Steinquader, aus dem das Gesicht Dallagos herausgemeißelt wurde, was für den Philosophen der Natur und der Berge sehr passend ist und ganz der Wahrnehmung der Zeit entspricht. Der zeitgenössische Karikaturist Max von Esterle veröffentlichte eine Serie von Karikaturen im *Brenner*, die Dichter, Künstler und Politiker jener Jahre exemplarisch darstellten. Carl Dallago war ein mit feinem Strich aus einer Bergsilhouette herausragender Kopf, Georg Trakl wurde gebückt und düster blickend dargestellt.

Hinter dem Mühlauer Friedhof gelangt man durch ein schönes Wäldchen zum Scheibenbühel. Die Pfade durch den lichten Mischwald sind geradezu lieblich. Die verschlungenen Wege locken Hundebesitzer an, besonders von Oktober bis April, wenn die Tiere auch in die Wiesen dürfen. Ich liebe es hier mit meinem Hund spazieren zu gehen. Es gibt auch für Kinder viel zu entdecken, anhand eines Feuchtbiotops namens *Fuchsloch* erkunden seit Generationen Innsbrucker Schüler den Unterschied zwischen Reptilien und Amphibien; daneben gibt es einen Waldlehrpfad, der als *Walderlebnisweg Mühlauer Klamm* bis in die Berge hinaufführt. Nimmt man den Weg weiter rechts, staunt man im Frühling und Sommer über die Vielfalt an Blumen, die man am Wegesrand sehen kann: im Wald zahllose Leberblümchen und Buschwindröschen, auf den Wiesen Glockenblumen, Wiesensalbei, Margeriten, Acker-Witwenblumen, es zirpt und summt – ein Idyll.

Lässt man den Mühlauer Friedhof also hinter sich, kann man in wenigen Minuten zum Scheibenbühel (in Innsbruck: Scheibenbichl) gelangen, ein paar weitere Minuten steil bergauf und man steht auf einer schönen Hügelkuppe, von der aus man fast ganz Innsbruck vom Olympischen Dorf bis zum Flughafen überschauen kann. An windigen Tagen ist der Platz

Carl Dallago „wächst" aus dem Stein heraus …

ganz in der Hand eines Modellfliegervereins, dessen Mitglieder von hier aus diesem kostspieligen Hobby nachgehen und nur ungern von Spaziergängern gestört werden – und föhnige und windige Tage sind in Innsbruck ja nicht ganz selten.

Flugzeuge und Innsbruck gehören irgendwie zusammen, vom Scheibenbühel aus sieht man die Flugzeuge quasi auf Augenhöhe vorüberziehen. Nahe dem Stadtteil Kranebitten im Westen der Stadt liegt der Flughafen, hier endet die Start- und Landebahn direkt an einem Geh- und Fahrradweg und die startenden und landenden Flugzeuge brausen keine fünfzehn Meter über die Köpfe der Spaziergänger hinweg. Das lockt in- und ausländische Planespotter an, die mit ihren aufgerüsteten Digitalkameras ganze Nachmittage lang ein Foto nach dem anderen knipsen. Innsbruck – ein Planespotter-Hotspot sozusagen. Der Flughafen selbst gilt unter Piloten speziell wegen des zum Teil starken und unberechenbaren Windes als besonders schwierig anzufliegen. Und weil das Inntal so schmal ist und jeder Flieger direkt über die Stadt herabsenkend landen muss, erkennt man Touristen und Stadtneulinge am ungläubigen Blick nach oben – dem Innsbrucker ist kein Flugzeug mehr eine Halsverrenkung wert. Es gibt übrigens noch ein Merkmal, an dem man Gäste leicht von Einheimischen unterscheiden kann: Besonders italienische Urlauber stapfen bereits im September dick vermummt in pelzbesetzter Jacke durch die Maria-Theresien-Straße, während die Innsbrucker in T-Shirt und kurzer Hose durch die Straßen radeln.

Apropos: Innsbruck ist die ideale Stadt für Radfahrer, da die Distanzen in alle Richtungen nicht allzu groß sind und das Stadtgebiet eben und von Fahrradwegen durchzogen ist. Außer natürlich an Föhntagen, an denen es ungeschriebenes Gesetz zu sein scheint, dass man, egal in welche Richtung man fährt, immer Gegenwind hat. Die Innsbrucker fahren das ganze Jahr über mit dem Rad, auch im Winter, und es mutet schon kurios an, wenn man Skifahrer in voller Montur – mit Skischuhen an

Durch den Mischwald auf idyllischen Wegen

den Füßen und Ski auf der Schulter – durch die Innenstadt radeln sieht. Die Berge sind eben sehr nah. Ungewöhnlich sind auch die Snowboarder an den Bushaltestellen, die mittags mal eben schnell für eine Stunde auf die nahe Seegrube fahren, auch wenn im Tal bereits der Frühling begonnen hat und in den Wiesen Gänseblümchen, Schneeglöckchen, Blausterne und Primeln blühen.

Der Scheibenbichl also, was für ein Ausblick! Nach Westen hin überblickt man die Stadtteile Saggen, Pradl, die Bahnhofsgegend und Wilten, dahinter die Sprungschanze, auf der im Winter ein Viertel der Vierschanzentournee ausgetragen wird. Diese Schanze wurde von der internationalen Stararchitektin Zaha Hadid geplant und kam bei der Innsbrucker Stadtregierung offenbar gut an, Hadid wurde nämlich anschließend mit der Planung des Neubaus der Hungerburgbahn beauftragt, deren auffällige Brücke über den Inn ebenfalls ins Auge sticht. Diese Bahn verbindet das Zentrum (etwa 570 Meter hoch gelegen) mit dem Alpenzoo (auf etwa 750 Metern) und dem Stadtteil Hungerburg (860 Meter), dort steigt man in die Seilbahn um und ist wenig später auf etwa 1900 Meter auf der Seegrube.

Man sieht die Innsbrucker Altstadt mit dem markanten Stadtturm, den Saggen mit seinen Gründerzeitvillen, St. Nikolaus,

Das Olympische Dorf von oben

den ältesten Stadtteil von Innsbruck mit seinen verwinkelten Gässchen, Mariahilf, Hötting, die Höttinger Au und die anderen jüngeren Stadtteile, die sich im Westen verlieren, immer eng angeschmiegt an den Inn, der sich in seinen kontrollierten Bahnen in Schlangenlinien durch die Landeshauptstadt windet.

Wendet man seinen Blick nach Osten, sieht man weniger Schönes, hier liegen die Bausünden der Sechziger- und Siebzigerjahre des vergangenen Jahrhunderts, die Reichenau und die Rossau sowie das Olympische Dorf mit seinen Hochhäusern und Blocksiedlungen. Angeblich machen gerade diese Stadtteile Innsbruck zu einer Großstadt, denn was könnte urbaner sein als Hochhäuser.

Aber das Olympische Dorf – das O-Dorf, wie die Einheimischen salopp sagen – gehört zur Identität Innsbrucks wie die Berge oder der Tourismus. Es ist mit etwa 25.000 Einwohnern der größte Stadtteil. Die in den 1960er- und 1970er-Jahren gebauten Wohnungen haben großzügige Grundrisse, und es galt damals als modern, in einem Hochhaus zu wohnen. Heutzutage kämpft das O-Dorf mit seinem Getto-Image.

Die Olympischen Spiele haben Innsbruck als Wintersport-Eldorado etabliert und der Stadt für dreißig Jahre Schulden hinterlassen. Die Stadtverantwortlichen lassen sich nicht

In der Ferne ragt markant die „Serles" auf

davon abhalten, den Mythos Olympische Spiele am Leben zu erhalten. Der Innsbrucker Schriftsteller Helmuth Schönauer witzelt gern, dass Innsbruck sich mindestens viermal pro Jahr für die Olympischen Spiele bewirbt, und tatsächlich gab es in den 1990er-Jahren noch ernsthafte Bemühungen in diese Richtung. 2006 schließlich gab es eine Volksbefragung zu diesem Thema – die Tiroler waren für eine erneute Bewerbung, nur die Innsbrucker waren dagegen. In Ermangelung der echten Spiele wurden dafür 2005 die Universiade (die Olympischen Spiele der Studenten, nach 1968 auch schon das zweite Mal in Innsbruck), ebenfalls 2005 die Eishockey-WM und 2012 die erste Jugend-Olympiade ausgerichtet – immerhin. Den Innsbrucker Bauträgern bescherte das ein O-Dorf 3, ein weiteres Großbauprojekt, auf der Höhe der Zeit in Passivhausqualität, allerdings mit unvorhersehbaren sozialen – nun, nennen wir es: Potenzialen. Einen Baukomplex von einem Tag auf den anderen mit sozial unterschiedlichen Menschen zu besiedeln, zählt wohl zu den bauplanerisch anspruchsvollsten Aufgaben. Ob das O-Dorf 3 zum sozialen Brennpunkt oder zu einem städteplanerischen Erfolg wird, ist derzeit noch offen.

Doch wir stehen ja immer noch auf dem Scheibenbühel und schauen …

Der ehemalige jüdische Friedhof, der Alpenzoo und die Heimat des Wassers

Drehen wir uns um und schauen wir nochmals in die andere Richtung – in die Bernhard'sche Gegenrichtung sozusagen. Unweit von Mühlau befinden sich zwei weitere sehenswerte Punkte nördlich oberhalb von Innsbruck: einerseits der Alpenzoo und andererseits der Judenbühel, wie diese Hügelkuppe bis heute heißt, da an seiner Flanke bis in die zweite Hälfte des 19. Jahrhunderts der jüdische Friedhof lag. Heute befindet sich auf dem Hügel ein idyllischer Kinderspielplatz mit Aussicht auf Innsbruck.

Der Alpenzoo ist gewiss eine Sehenswürdigkeit des lokalen Tourismus, hier kreucht und fleucht an Getier alles, was früher einmal in den Alpen beheimatet war oder heute noch ist. Über hundert Tierarten, von Säugetieren über Vögel, Reptilien und Amphibien bis zu den Fischen, insgesamt dreitausend Lebewesen bevölkern den Alpenzoo. Und was gerne vergessen wird: Auch alpine Pflanzen von Blumen und Moosen über Sträucher bis Bäume sind hier zu finden. Wie jeder Zoo der Welt kämpft der Alpenzoo mit den Problemen, die sich aus dem Spannungsfeld zwischen sogenannter artgerechter Tierhaltung und den Ansprüchen der Besucher ergeben. Natürlich haben die Tiere zu wenig Platz, denkt man nur an große Greifvögel wie Bartgeier oder das Wappentier der Tiroler, den Steinadler, deren Volieren nur für einige Flügelschläge Platz bieten. Steinböcke oder Wölfe legen in freier Wildbahn weite Strecken zurück, was ihnen in ihren Gehegen nicht gelingen kann; so dösen sie tagaus, tagein träge in der Sonne. Eine besondere Attraktion sind wie in jedem Zoo die großen Tiere, im Alpenzoo vor allem der Braunbär, der ein vergleichsweise schönes Gehege zur Verfügung hat. Wenn er sich langweilt, geht er die ewiggleichen fünf Meter hin und fünf Meter her wie ein autistischer Traumwandler und erinnert fatal an den berühmten schwarzen Panther in Rainer Maria Rilkes Gedicht.

Mein Spaziergang beginnt beim Kongresshaus am Rennweg, ich laufe die Promenade am Inn entlang; besonders in den Wintermonaten ist diese Route empfehlenswert, der Inn ist in dieser Jahreszeit am schönsten: Das Wasser schimmert in tiefen Grün-, Türkis- und Blautönen, einem Bergbach gleich, ehe dieses Schauspiel im Frühjahr durch die einsetzende Schneeschmelze in den Seitentälern Tirols, deren Bäche den Inn speisen, beendet wird – dann immerhin kann man die verschiedensten Braun- und Schlammtöne beobachten. Die Hungerburgbahn startet übrigens unterirdisch beim Kongresshaus, Lauffaule können sich also von hier aus bequem zum Alpenzoo oder weiter auf die Hungerburg fahren lassen.

Ich passiere den Innsbrucker Hofgarten, gehe vorbei am Gasthaus Löwenhaus, das insbesondere in den Sommermonaten wegen seines ausgedehnten Gastgartens zu empfehlen ist, und erreiche nach kurzer Gehzeit den Hans-Psenner-Steg, eine gedeckte Holzbrücke mit imponierender Balkenkonstruktion, die nach dem Gründer des Alpenzoos benannt ist. Dr. Hans Psenner war vor allem für seine Forschungen zum Verhalten der Murmeltiere bekannt, entwickelte aber in den 1950er- und 1960er-Jahren eine rege Vortragstätigkeit zu allen Tieren im Alpenraum, zusätzlich

Die Hungerburgbahn mit ihren markanten, phallischen Stützen

vermittelte er sein Wissen in zahllosen Rundfunksendungen, die ihn weithin bekannt machten. Unter seiner Leitung wurde schließlich 1962 ein Tiergarten eröffnet: der Innsbrucker Alpenzoo.

Ich überquere also die Brücke; nach ein paar Metern fällt mir der sich in den letzten Jahren in allen Städten Europas ausbreitende Trend junger Liebender ins Auge: Liebesschlösser. Die Stadt Innsbruck hat ein eigenes Metallgitter an der Innenseite der Holzbrücke anbringen lassen, sodass die Liebenden von Innsbruck ihre Treueschwüre in Form von kleinen Vorhängeschlössern anbringen können. Ein hübscher Brauch, der vielleicht auch ein bisschen albern ist und in ein paar Jahren vermutlich wieder verschwunden sein wird. Gegen Ende der Brücke komme ich an einem zusammengerollten Schlafsack und mehreren großen Pappkartons vorbei; ein Obdachlosen-Schlafplatz, immerhin eine trockene Übernachtungsmöglichkeit.

Während mich diese Gedanken begleiten, habe ich schon das Ende der Brücke erreicht, steige einige Stufen empor, überquere die Straße und wandere den Fußweg Richtung Alpenzoo und Judenbühel hinauf. Bei der zweiten Kehre kann man geradeaus gehen und über eine weitere gedeckte Holzbrücke einen Aussichtspunkt erreichen. Es ist erstaunlich: Man ist hier der Stadt ganz nah und befindet sich doch im Wald, man

Der Hans-Psenner-Steg besticht durch seine überdachte Holzbauweise.

bekommt geradezu ein Gefühl dafür, was Innsbruck in früheren Zeiten einmal war – in erster Linie Natur. Beim Aussichtspunkt steht ein kleiner Pavillon, dahinter eine – dem Schild nach – Spiel- und Liegewiese. Meist ist man hier ganz allein, nur das Rauschen der unten vorbeifahrenden Autos dringt monoton bis hier herauf. Folgt man dem Pfad über die Wiese, ist man nach ein paar Metern beim Alpenzoo und kann in das Gewusel der Touristenmengen eintauchen, aber hierher verirrt sich kaum ein Mensch, zumindest kaum einer, der weder einen Hund dabei noch Laufschuhe an den Füßen hat.

Wenn einem der Wind an manchen Tagen Papageiengekreisch zuzutragen scheint, ist das keine akustische Täuschung. Folgt man dem Geschrei, gelangt man zu einer großen Voliere, die von unzähligen Vögeln bewohnt wird. Diese Papageien gehören aber nicht zum Alpenzoo, sondern sind in Privatbesitz. Diese Voliere ruft immer wieder Tierschützer auf den Plan, die die Enge, in der die Vögel leben, bemängeln. Folgt man dem Weg, gelangt man auch hier zum Alpenzoo – oder besucht das angrenzende Gasthaus Weiherburg. Sehr zu empfehlen ist auch das nahe den Papagei-Volieren gelegene Gasthaus Schöneck von Haubenkoch Alfred Miller, das regelmäßig im Falstaff Magazin, dem Guide Michelin und im Gault-Miliau besonders gelobt wird.

Ich jedenfalls wähle weder den Weg zum Aussichtspavillon noch zu den Papageien. Ich gehe den Hauptweg entlang (natürlich könnte ich auch hier zum Alpenzoo gelangen …) und erreiche nach noch einer Kehre die dritte idyllische Holzbrücke, die sich über einen Bach samt verwunschenem Wald in der kleinen Schlucht erstreckt. Dieser Weg führt zum beschriebenen Judenbühel. Auf halber Höhe befand sich tatsächlich bis Ende des 19. Jahrhunderts der jüdische Friedhof von Innsbruck, in den 1860er-Jahren fand die letzte Beerdigung statt. Der Friedhof war damals außerhalb von Innsbruck gelegen, da dieses Gebiet zur eigenständigen Gemeinde Mühlau gehörte. Ein Friedhof ist hier seit dem Ende des 15. Jahrhunderts, spätestens Anfang des 16. Jahrhunderts nachweisbar, wie diverse Urkunden belegen, die es der jüdischen Gemeinde von Innsbruck gestatteten, an diesem Ort ihre Toten zu begraben. Die Geschichte der jüdischen Gemeinde in Innsbruck ist wie in so vielen Städten äußerst wechselvoll, wie die zahlreichen historischen Studien der letzten Jahre, etwa von den Historikern Horst Schreiber oder Thomas Albrich, zeigen. Das jüdische Leben in Tirol, insbesondere zur Zeit des Nationalsozialismus, wurde aber auch literarisch be- und verarbeitet, vor allem der Innsbrucker Lyriker und Romancier Christoph W. Bauer versucht mit Büchern wie *Graubart Boulevard* oder *Die zweite Fremde* die Erinnerungskultur in Innsbruck und Tirol am Leben zu erhalten.

Ich erreiche den Bereich des ehemaligen jüdischen Friedhofs, dessen genaue Bemessungen und Ausmaße im Rahmen eines archäologisch-historischen Forschungsprojekts nach 2000 untersucht wurden; im Gedenken an den einstigen Friedhof wurde eine Gedenkskulptur installiert, entlang der früheren Umfassungsmauer des Friedhofs wurden Metallplatten mit eingestanzten Davidsternen aufgestellt, ebenso eine Gedenk- und Hinweistafel. Diese Erinnerungskultur ist Ausdruck einer modernen

Die Hungerburgbahn schlängelt sich wie ein Rückgrat aus Beton über den Inn.

Die gefrästen Davidsterne als Zitat der Leerstelle, die das vertriebene, ehemalige jüdische Leben in Innsbruck hinterlassen hat.

Wertschätzung für die kleine jüdische Gemeinde, die es heute noch in Innsbruck gibt. In der Zeit des Nationalsozialismus tat sich Innsbruck als ausgesprochen willfähriger Partner der Hitler-Ideologie hervor: Die Reichskristallnacht im November 1938, als im ganzen Deutschen Reich jüdische Geschäfte zerstört und geplündert und zahlreiche jüdische Mitbürger erniedrigt, geschlagen und ermordet wurden, war in Innsbruck besonders grausam und brutal, unter anderem wurde der Kaufmann Richard Graubart, der mit seiner Familie in der zentral gelegenen Museumstraße ein angesehenes Schuhgeschäft besaß, in der Nacht vom 9. auf den 10. November 1938 von einem Rollkommando der SS ermordet – siehe C. W. Bauers Roman *Graubart Boulevard*.

Der jüdische Friedhof auf dem Judenbühel wurde aber aus ganz anderen Gründen aufgegeben. Zwar gab es immer wieder Grabschändungen, tatsächlich aber war das Gelände zu abgelegen und vor allem im Winter bei Schnee schwer zu erreichen. Bei der Errichtung des neuen allgemeinen Westfriedhofs, der heute zentral in der Nähe des Krankenhauses im Stadtteil Wilten liegt, wurde dort auch ein israelitischer Teil mitgeplant – bis heute befindet sich der jüdische Friedhof Innsbrucks im

Westen der Stadt. Nachdem die Gräber schließlich überführt worden waren, wurde der Friedhof am Judenbühel 1880 geschliffen und die alten Umfassungsmauern eingeebnet.

Folgt man dem Pfad bis auf das Plateau des Judenbühels, stößt man auf ein beliebtes Ausflugsziel für die Jungeltern Innsbrucks, ein Waldspielplatz mit einer großen Wiesenfläche und Bänken am Rand, auf denen man einen guten Blick über ganz Innsbruck bis weit in den Süden am Bergisel vorbei und bis auf die markante Spitze der Serles hat.

Ich verlasse den Spielplatz und den Judenbühel und sehe die nahe Mittelstation der neuen Hungerburgbahn, die geradezu futuristisch wirkt hier im lichten Mischwald, wende mich wieder nicht Richtung Alpenzoo, sondern biege rechts ab auf den Schillerweg, einen schönen, ganz leicht bergan führenden Spazierweg, der sich an den Berg schmiegt bis nach Mühlau. Man folgt dem breiten Waldweg und staunt alle paar Meter über die Gabe der Tiroler Architekten, auf klitzekleinen Baugründen (zu horrenden Quadratmeterpreisen) in extremer Hanglage Einfamilienhäuser

Als Würfel und mit wenig Raum in die Höhe:
Die Innsbrucker Architekten wissen den Platz zu nutzen.

Der Schillerweg als grüne Lunge für die Einheimischen

planen zu können, besonders bei einem bestimmten Haus, das über etwa zwanzig Quadratmeter Grundfläche verfügt, sich dafür aber wie ein Turm vier Stockwerke in die Höhe schraubt.

Vom Schillerweg zweigen alle paar Meter Wege in den Wald ab, die entweder steil hinauf Richtung Hungerburg oder steil hinunter ins Tal führen. Verirren kann man sich in diesen Wäldern nicht wirklich, und es lohnt sich, den einen oder anderen Weg einfach blind auszuprobieren. Ich bleibe auf dem Schillerweg und grüße die mir entgegenkommenden Wanderer und Spaziergänger, denn in Tirol gilt: Hat man die Stadt hinter sich gelassen, befindet man sich auf dem Berg. Und in den Bergen wird gegrüßt, da sind auch alle per Du.

Eben möchte ich meinen imaginären Hut lüften, als zwei, drei Mountainbiker an mir vorbeirasen, in voller Montur, mit allerlei Gliedmaßen- und Gelenksschützern, Helm und grimmigem Blick brettern sie an mir vorbei. In Tirol und damit auch in Innsbruck ist der Sport heutzutage ebenso heilig wie in früheren Zeiten die Jungfrau Maria, und wenn man im Winter in jeder freien Minute Skifahren geht, so müssen in den übrigen Jahreszeiten andere Sportarten herhalten, der Sommertourismus hat in Tirol sozusagen noch Wachstumspotenzial. Die rasanten Biker, die mich halsbrecherisch passiert haben, fahren geradewegs den

Helm und Montur sind auf der Downhillstrecke zu empfehlen.

Berg herunter, und zwar von einer der bekannten Downhillstrecken, die von der Hungerburg ins Tal führen.

Am Ende des Schillerwegs komme ich bei den ersten Häusern von Mühlau aus dem Wald heraus. Rechter Hand sehe ich eine große, umzäunte Wiese mit Solarzellen und dahinter einen schnörkellosen Nutzbau, der zwischen 1942 und 1953 entstanden ist: das Wasserwerk Mühlau.

Innsbruck ist wie kaum eine andere Stadt bekannt für die Qualität seines Leitungswassers. Der Mühlauer Graben, der das Wasserwerk Mühlau speist und ganz Innsbruck versorgt, deckt allein mehrfach den Bedarf der Stadt. Die Quelle schüttet im Winter 750 Liter in der Sekunde und im Sommer gar 2000 Liter pro Sekunde aus, die sich im Kraftwerk in großen Becken sammeln. Ein Besuch des Wasserwerks ist nach Voranmeldung möglich und man bekommt (wie fast jeder Innsbrucker Volksschüler) ein beeindruckendes Schauspiel geboten. Die großen Bassins fassen bis zu 35.000 Kubikmeter Wasser in aller Klarheit, Reinheit und Schönheit, in sich spiegelnden Mustern und Farben.

In Innsbruck und Umgebung schätzt man das Wasser, das überaus reich an Mineralien ist und den Konsum von konventionellem Mineralwasser überflüssig macht, vor allem auch, weil es jahraus, jahrein kühl aus der Leitung kommt – die

Das Wasserwerk Mühlau samt Solaranlagen

Temperatur der Mühlauer Quelle beträgt konstant 4,5 Grad Celsius.

Dass dieses Wasser keine Selbstverständlichkeit ist, ist heute weder Einheimischen noch Touristen bewusst. Innsbruck verfügte bis zur Eingemeindung der umliegenden wasserreichen Ortschaften über keine eigene Quelle. Schon ab dem 16. Jahrhundert wurde Wasser aus Mühlau nach Innsbruck geleitet, ab dem späten 19. Jahrhundert erstmals in Hochdruckleitungen. Aber Innsbruck wuchs beständig, und damit auch der Wasserbedarf. Spätestens mit dem Zuzug von zahlreichen Südtiroler Familien und der großen Umsiedlung im Rahmen der sogenannten Option 1939 im Zuge des Hitler-Mussolini-Abkommens war Innsbruck in Sachen Wasser an seine Grenzen gelangt. So wurde 1942 eine erweiterte Erschließung des Mühlauer Grabens ebenso beschlossen wie der Neubau des bis heute bestehenden Wasserwerks. Die Bauarbeiten zogen sich über Jahre hin und konnten schließlich – auch mithilfe von Geldern aus dem US-amerikanischen Marshallplan, an den ein Schild an der Fassade erinnert – im Jahr 1953 beendet werden, am 13. Mai desselben Jahres wurde das Kraftwerk eingeweiht. Eine Besonderheit stellt der enorme Wasserdruck dar, mit dem das Wasser aus dem Berg kommt. Durch diesen hohen Druck können Innsbrucks Hochhäuser – etwa im Olympischen Dorf oder im Stadtteil Reichenau – bis ins oberste Stockwerk ohne elektrische Pumpen mit Wasser versorgt werden. Ein den Bergen geschuldetes, einmaliges Phänomen!

Tipps

Wasserwerk Innsbruck
Schillerweg 5, 6020 Innsbruck
Kontakt über IKB – Innsbrucker Kommunalbetriebe
Roßaugasse 2, 6020 Innsbruck, Tel.: +43 512 502 7410
www.ikb.at

Café Restaurant Weiherburg
Weiherburggasse 37, 6020 Innsbruck, Tel.: +43 512 273062
Öffnungszeiten: Mo–So 11–18 Uhr
www.weiherburg.at

Alfred Millers Schöneck
Weiherburggasse 6, 6020 Innsbruck, +43 512 272728
Öffnungszeiten: Mi–Sa 12–24 Uhr
(Küche von 12–14 Uhr und von 18–21.30 Uhr)
www.wirtshaus-schoeneck.com

Literatur

Christoph W. Bauer: Im Alphabet der Häuser, Haymon Verlag 2007
C. W. Bauer: Graubart Boulevard, Haymon Verlag 2008
C. W. Bauer: Die zweite Fremde, Haymon Verlag 2013

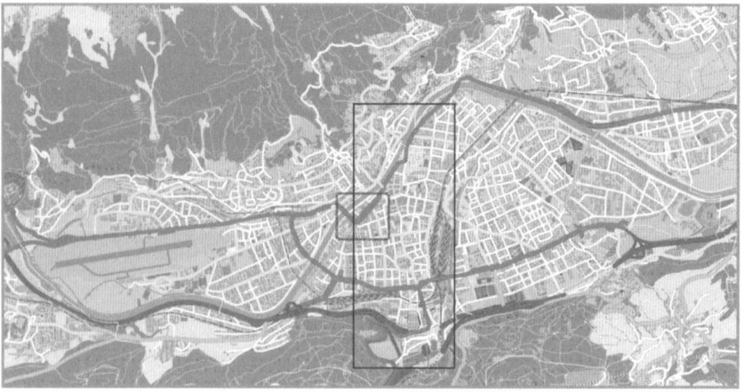

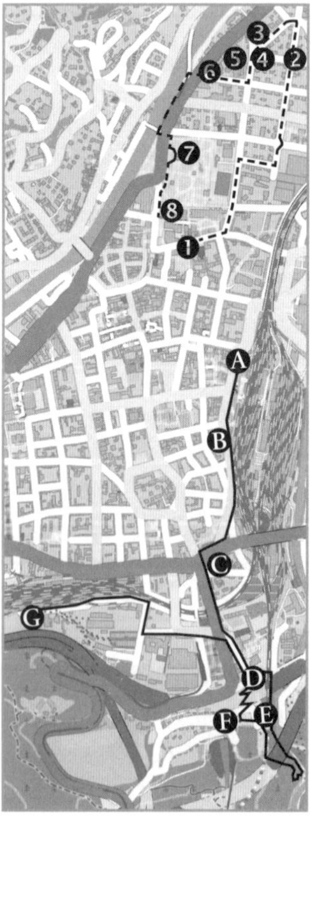

Saggen & Innenstadt

1 *Jesuitenkirche*
2 *Drachenvilla*
3 *Villa Ungarnflüchtlinge*
4 *Evangelische Kirche*
5 *HAK*
6 *ORF*
7 *Kunstpavillon*
8 *Café Pavillon*

Bahnhof & Bergisel

A *Bahnhof Innsbruck*
B *aut. architektur und tirol*
C *Grassmayr (Glockengießerei & Museum)*
D *Bierstindl*
E *Tirol Panorama*
F *Andreas-Hofer-Denkmal*
G *Privatbrauerei Harald Baumgartner*

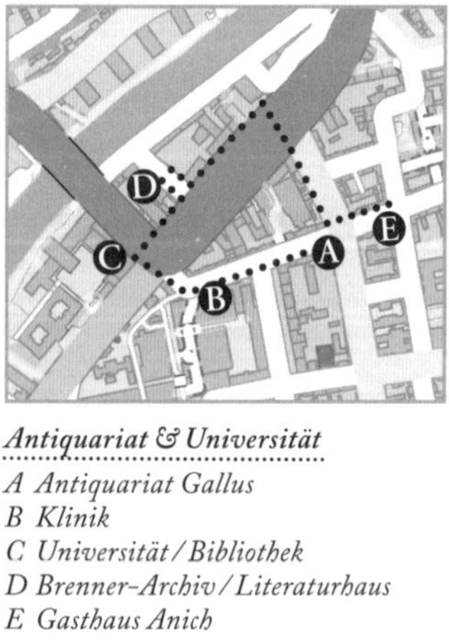

Antiquariat & Universität

A *Antiquariat Gallus*
B *Klinik*
C *Universität / Bibliothek*
D *Brenner-Archiv / Literaturhaus*
E *Gasthaus Anich*

Innsbruck und die Migration

Antiquariat, Universität und Speckknödelsuppe

Innsbruck ist seit jeher durch seine geografische Lage – als Durchgangsort auf der Reise von Nord nach Süd sowie von West nach Ost – besonders begünstigt. Während man durch andere Länder nur durchkommt, wenn man sie absichtlich ansteuert, kommt man um Innsbruck fast nicht herum.

Das Gebiet des heutigen Innsbruck ist seit dreitausend Jahren durchgehend besiedelt. Niederlassungen der Römer, datierbar auf ungefähr 15 vor Christus, wurden im Stadtteil Wilten (dem damaligen Veldidena) im Süden der Stadt gefunden, nahe den späteren Bauten des Stifts Wilten, das zu den ältesten Siedlungsanlagen im Innsbrucker Stadtgebiet gehört. Auf der anderen Seite des Inns im Stadtteil St. Nikolaus begannen die Römer allerdings schon etwas früher ein Lager zu errichten – der Beginn der Römersiedlungen in Innsbruck und auch der Beginn einer jahrhundertelangen Migrationsgeschichte des Inntals und des modernen Innsbrucks.

Spätestens seit dem Mittelalter war Innsbruck der markanteste Durchzugssort für die deutschen Kaiser auf ihrem Weg zur Krönung nach Rom. Damals gehörte Südtirol bis weit in den Süden noch zu Tirol, und die zahllosen Burgen am

Wegesrand zeugen noch heute von den langen Märschen der deutschen Heere. Dieser Weg war stark bewacht und befestigt. Es gibt wohl in kaum einem anderen europäischen Landstrich dermaßen viele Burgen, Ruinen und Überreste alter Anlagen wie in Nord- und speziell in Südtirol. Beeindruckend ist in diesem Zusammenhang das *Tiroler Burgenbuch* (herausgegeben zwischen 1972 und 2011 von Oswald Trapp und Magdalena Hörmann-Weingartner), das in zehn großformatigen Bänden die meisten Burgen in Nord- und Südtirol porträtiert und bei Burgenliebhabern – und davon scheint es ebenso viele zu geben wie von den Flugzeugliebhabern und Freunden der historischen Bahnfahrt – hohes Ansehen genießt. Die einzelnen Bände sind jedoch fast nur noch antiquarisch zu erhalten, etwa im größten Antiquariat Westösterreichs, dem Antiquariat Gallus, gelegen an der Ecke Bürgerstraße/Anichstraße, das fußläufig gut zu erreichen ist.

Ich statte Peter Adelsberger, dem Inhaber des Antiquariats, an einem ruhigen Nachmittag einen Besuch ab, der auch ein Wiedersehen ist. In meiner Studienzeit habe ich im Antiquariat Gallus gearbeitet und über alte Bücher und Grafiken, über Techniken des Drucks und der Buchherstellung viel erfahren. Neben zahllosen Bananenschachteln, die ich nach Nachlassankäufen treppauf, treppab aus diversen Wohnungen geschleppt habe und die meinen Rücken nachhaltig geprägt haben, habe ich in dieser Zeit auch einen umsichtigen Umgang mit antiquarischen Dingen lernen können; bis heute erkenne ich auf Anhieb den Unterschied zwischen Holzschnitten, Holzstichen, Kupferstichen oder Radierungen.

Darüber würde Peter Adelsberger nur milde lächeln. Bei meinem Besuch gerät er wie immer sofort ins Erzählen, nicht nur über das *Tiroler Burgenbuch*, auf das ich ihn anspreche. Auch über das Antiquariatsgeschäft im Allgemeinen reden wir, das man aus Filmen als aufregenden und gefährlichen Beruf kennt. In der Verfilmung des Romans *Der Club Dumas* von

Film-
tipps X

Grass örtlich betäubt

Arturo Pérez-Reverte, *Die neun Pforten*, mit Johnny Depp und Emmanuelle Seigner in den Hauptrollen – Regie führte deren Mann Roman Polanski – bringen alte Bücher ihre Besitzer in Lebensgefahr, denn das Buch der *neun Pforten* hatte einen prominenten Co-Autor, den Teufel höchstpersönlich.

Peter Adelsberger weiß von solch diabolischen Autoren nichts, mehr aber von gesuchten und weniger gesuchten Sammelgebieten. Für alte medizinische Fachbücher oder antiquarische Bücher über die Eisenbahnfahrt beispielsweise gebe es einen europaweiten, ja weltweiten lukrativen Markt; Sammler seien bereit, für schöne und gut erhaltene, besonders wertvolle Bücher jeden Preis zu bezahlen. Dank des Internets und des Zusammenschlusses der internationalen Antiquariate in Datenbanken wie dem ZVAB – dem Zentralen Verzeichnis Antiquarischer Bücher – ist es heute immer einfacher, den einen interessierten Käufer zu finden, wie Adelsberger aus seinem Alltag erzählt. Mag dieser Käufer auch in Wien oder Oslo sitzen, das Internet bringt Sammler und Antiquar binnen weniger Sekunden zusammen.

„Die wirklich wertvollen Bücher, Stiche oder Handschriften sind überhaupt kein Problem", vertieft Adelsberger die Vorgänge im Antiquariatsbereich. „Die raren Sachen sind leicht zu verkaufen, seltene Bücher sind immer für irgendeinen Sammler interessant. Problematisch sind die durchschnittlichen Bücher, die keinen besonderen Wert haben." Die Schattenseite des Internets: Zu viele gleiche Bücher werden in Antiquariaten von Innsbruck bis Flensburg angeboten, was den Preis ruiniert. Obwohl: In den letzten zehn Jahren habe sich der Markt auch wieder beruhigt. Viele kleine Geschäfte hätten mittlerweile wieder aufgehört, denn es brauche als Antiquar vor allem so etwas wie Kennerschaft, meint Adelsberger. „Die Bibliothek ist wie ein Spiegel des Besitzers." Der

Bücherfluchten und Preziosen: Das Antiquariat Gallus ist ein Hort für Büchertrinker.

Dr. Peter Adelsberger beim Begutachten und Schätzen

Antiquar muss nach einer oft kurzen Durchsicht der Bücher einschätzen können, was die Bibliothek im Gesamten wert sei, da hilft vor allem Erfahrung.

Peter Adelsberger ist promovierter Kunsthistoriker und Gerichtsgutachter, was ihm in seinem Alltag enorm entgegenkommt, besonders bei historischen Grafiken. Derzeit bereitet Adelsberger eine Buchpublikation über die Stadtveduten Innsbrucks vor, also die historischen Stadtansichten auf alten Grafiken. Auf den verschiedenen Stichen kann man die Entwicklung einer Stadt gut nachvollziehen, Peter Adelsberger zeigt mir einige Ansichten des historischen Innsbruck: von einem der ältesten Stiche von Franz Hogenberg (1575) über die Radierung von Petrus Bertius (1616) bis zur berühmten und vielfach kopierten Ansicht von Matthäus Merian aus dem Jahr 1649. Bis ins späte 19. Jahrhundert wurde besonders die Stadtansicht von Merian vielfach von anderen Stechern kopiert – oft mit kleinen Variationen. Wie in der Philosophie – bei der man ja sagt, dass alle späteren Philosophen auf den Schultern von Sokrates stehen – haben auch die Kupferstecher immer wieder von ihren Vorgängern kopiert. Daher kommt auch das heute noch gebräuchliche Wort „abkupfern", wie mir Peter Adelsberger anhand eines Beispiels erklärt. Die damals relativ neu erbaute Jesuitenkirche stellte

Von Kapitalen, Bünden und edlen Rücken, leicht beschabt

Merian mit zwei Fassadentürmen dar und griff damit weit in die Zukunft voraus. Tatsächlich wurden diese zwei Türme nämlich erst um 1900/01 fertiggestellt. Dieser Fehler kam vermutlich daher, dass die Stecher auf Reisen meist nur Skizzen machten und erst daheim in ihrem Atelier die Stiche ausführten. Im Zweifel sahen die späteren Kupferstecher dann eben bei Merian nach und übernahmen einfach seine falsche Ansicht.

Solch spannende Details geben einen guten Einblick in die Arbeit eines Antiquars, wie auch ein anderes Beispiel der Stadtansichten zeigt. Bis ins 19. Jahrhundert hatten die Menschen schlicht kein Interesse an den die Stadt umgebenden Bergen, erst der Alpinismus änderte das. So kam es, dass auf den Stichen meist Fantasieberge dargestellt sind, die der Wirklichkeit schlicht nicht entsprechen.

„Nichts erfreut so sehr wie seltene Dinge", wiederholt Adelsberger, glaubt sich zu erinnern, dass das ein Zitat von Shakespeare sei, und erklärt: „Der Antiquariatsmarkt ist eben ein Anbietermarkt, das heißt: Der, der das seltene Buch anbietet, kann auch den Preis bestimmen. Nicht umgekehrt. Die meisten anderen Märkte im Handel sind genau umgekehrt, nämlich Käufermärkte."

Kann man das so vereinfachen?, überlege ich, während ich zwischen all den prächtigen Folianten, stockfleckigen Taschenbüchern und säuberlich in schmalen Schubladen sortierten Grafiken stehe. Ich denke an den sogenannten Giftschrank, den sicher jedes Antiquariat hat, in dem politisch umstrittene Bücher aufbewahrt werden, auch Bücher können – wegen bestimmter Meinungen – gefährlich sein. Das ist nicht nur in den *neun Pforten* so, sondern auch in Umberto Ecos Weltbestseller *Der Name der Rose*. Nun, manche Bücher belässt man eben besser unterhalb des Ladentischs …

Wenn es um geistiges Eigentum und diverse Giftschränke geht, dann ist man bei der Universitätsklinik und der danebenliegenden Universität richtig, die sich beide in Gehweite des Antiquariats befinden.

Die Universitätsklinik hat international besonders in der Chirurgie einen guten Ruf, hier fanden spektakuläre Operationen statt, etwa am Herzen von Václav Havel, ehemaliger Präsident der Tschechoslowakei und von Tschechien sowie Nobelpreisträger, oder an den Händen des Briefbombenopfers Theo Kelz. Als einfacher Patient muss man sich schon auf längere Wartezeiten gefasst machen, ein Spaziergang durch das Klinik-Gelände, das quasi eine kleine Stadt in der Stadt ist, lohnt sich dennoch, denn so unterschiedlich die Fachrichtungen sind, so unterschiedlich sind auch die Baustile der diversen Gebäude. Den Mediziner-Nachwuchs konnte man jahrelang im nahen Turm der geisteswissenschaftlichen Fakultät antreffen, wo die Medizinstudenten mangels eigener Bibliothek in der geschichtswissenschaftlichen Bibliothek regelmäßig alle Computer und Leseplätze besetzten. Diese Zeit ist mittlerweile mit dem Neubau der Universitätsbibliothek vorbei, zu der mein Spaziergang nun führt.

Sehenswert ist das Gebäude der alten Universität, in der heute die rechtswissenschaftliche Fakultät wie auch die alte

Mensa untergebracht sind; empfehlenswert ist Letztere dank eines schönen Innenhofs, in dem man an strahlenden Sommertagen auch mal à la carte zu Mittag essen kann. Dahinter strecken sich zwei hässliche Türme in den Himmel, in denen die geistes- und die naturwissenschaftliche Fakultät untergebracht sind. Die Leopold-Franzens-Universität ist zwar offiziell keine Volluniversität mehr, weil die medizinische Fakultät als eigene Universität ausgegliedert wurde, aber insgesamt können nach wie vor bis auf Publizistik so gut wie alle Studienrichtungen inskribiert werden. Jahrzehntelang profitierten vor allem Südtiroler wie Vorarlberger Studenten davon, da diese in ihren Heimatländern keine Universität zur Verfügung hatten und zum Studium nach Innsbruck kamen. In den letzten Jahren wurde Innsbruck aber vor allem von deutschen Studentinnen und Studenten gestürmt, da es in Österreich noch kaum Zugangsbeschränkungen gibt. Wer nicht in den Leitstudien Medizin oder Psychologie unterkommt, studiert eben etwas anderes, wenn er schon mal da ist. Innsbruck ist ohnehin traditionell eine Studentenstadt (auf eine Einwohnerzahl von etwa 125.000 Menschen kommen fast 20.000 Studentinnen und Studenten), vergleichbar etwa mit Tübingen oder Heidelberg. Die Studenten prägen das Stadtbild Innsbrucks maßgeblich mit.

Die Deutschen sind nicht nur als Studierende, sondern auch als Arbeitnehmer im Tourismus seit den Nullerjahren die Zuwanderer Nummer eins, weit vor Migranten aus der Türkei oder dem ehemaligen Jugoslawien. Ich erinnere mich noch an die heftig in den Medien geführte Debatte, dass man auf den Almen gefälligst immer noch *eine* und nicht *ein* Cola bestellen darf. Migration bedeutet eben immer auch Austausch und Bewegung, im besten Fall kann man von den Migranten, auch kulinarisch oder sprachlich, viel lernen. Mittlerweile hat sich die Diskussion beruhigt, es ist nicht mehr seltsam ungewohnt, an einer Supermarktkassa von Deutschen bedient zu werden. Die

Tiroler und die Innsbrucker mussten sich jedenfalls an diese neue Situation gewöhnen, waren die Deutschen als Touristen doch jahrzehntelang die reichen Gäste aus dem Norden, die diesem Reichtum, ausgedrückt mit der starken D-Mark gegenüber dem kleinen Schilling, den Einwohnern gegenüber mit gehöriger Ignoranz und Großmannssucht Ausdruck verliehen. Dieses negative Image der „Piefke", wie die Deutschen in Tirol abfällig genannt wurden und werden, wurde gerade in der Kunst wunderbar satirisch vor Augen geführt. Der Tiroler Schriftsteller Felix Mitterer schuf mit der *Piefke-Saga* das prototypische Abbild des heimischen Fremdenverkehrs und auch heute, fast 25 Jahre nach ihrer Erstausstrahlung, haben die Filme nichts von ihrer hämischen Kraft und ihrem beißenden Spott verloren. Seinerzeit jedenfalls waren die Filme ein Skandal, die deutschen Tourismusverbände protestierten und zahlreiche Gäste sagten ihre bereits gebuchten Urlaube ab. Dass es sich bei der *Piefke-Saga* aber in erster Linie um eine Satire auf die Tiroler selbst handelte und vor allem die Tiroler Touristiker als dumme, geldgierige Opportunisten dargestellt wurden, die sich und ihre Heimat jederzeit verkaufen, das dämmerte den meisten Sehern, insbesondere den Tirolern, erst später.

Mittlerweile hat sich das Verhältnis von Reich und Arm jedenfalls ein wenig umgedreht; für Tirol und Innsbruck hat der starke Zuzug, nicht nur aus Deutschland, die unangenehme Nebenwirkung, dass die gesteigerte Nachfrage die Wohnungsmieten ungeheuer in die Höhe treibt. Tatsächlich ist Innsbruck neben Wien die teuerste Stadt Österreichs.

Welche Chancen Migration und Zuzug bedeuten können, sieht man auch an der neuen Universitätsbibliothek, zumindest an der Cafeteria im Erdgeschoß, denn selbst dort kann man inzwischen einen guten Espresso oder Latte macchiato trinken. In Vor-EU-Zeiten bekam man in ganz Tirol den Cappuccino noch mit Schlagobers (Sahne) serviert, mittlerweile hat sich die Nähe zu Italien auch in diesem Bereich lukullisch ausgezahlt.

Die Rückseite der Universität zeigt so manchem Studenten die kalte Schulter.

Wenn wir mit der *Piefke-Saga* schon mal bei der Satire sind, so sind wir ein Stockwerk tiefer in der neuen Bibliothek bestens aufgehoben. Die Universitäts- und Landesbibliothek Tirol ist die größte Bibliothek Westösterreichs, besteht seit 1745 und beherbergt einen Gesamtbestand von 3,5 Millionen Büchern. Von 2007 bis 2009 wurde die Bibliothek neu gebaut, sie vereint jetzt alle ehemaligen Institutsbibliotheken – viele Bücher sind allerdings, bemängeln Kritiker, in Magazine ausgelagert, das heißt, nicht frei zugänglich. Die neue Bibliothek wirkt großzügig, trotz überwiegender Gestaltung in Schwarz ist sie hell und hat diese feierliche Atmosphäre von Stille, Konzentration und Papierrascheln. Die Bibliothek ist öffentlich zugänglich – treten Sie ein!

Hier treffe ich, und damit sind wir jetzt wirklich bei der Satire, den Tiroler Schriftsteller und Rezensenten Helmuth Schönauer, der im Brotberuf Bibliothekar ist. Ende der 1980er-Jahre stand Schönauer wegen des Verdachts auf „öffentliche Beleidigung des Bundesheeres nach § 116 StGB" vor Gericht und wurde freigesprochen – seither bezeichnet er sich als den ersten staatlich anerkannten Schriftsteller.

Sein Blick gleitet über die Rücken der Studentinnen und Studenten, die ihre Nasen in fast keine Bücher, sondern meistens in kopierte Skripten und Mitschriften stecken. Das ist Ausdruck eines Wandels. In Zeiten der Studienreformen von Pisa und Bologna werden Universität und Studium mehr und mehr verschult. Helmuth Schönauer – ewiger Kämpfer für das gedruckte Buch, leidenschaftlicher Vertreter des Lesens, unbeirrbarer Optimist – kann nicht umhin, hier zu bestätigen: „Ja, inzwischen wird die Bibliothek zu einer Kopieranstalt." Studenten kopieren sich die Kapitel, die sie brauchen, das Buch drumherum interessiert weniger.

Ob er diese Entwicklung nur negativ sehe, frage ich Schönauer, der aber nur lachend abwinkt. „Die Literatur ist immer im Dienst", antwortet er, seinen eigenen Leitspruch zitierend, für ihn selbst gilt das ganz besonders. Er ist als Autor und Rezensent für die Tiroler und die österreichische Literaturszene eine mehr als integrative Figur, deren erstes Anliegen die Literaturvermittlung ist. Schönauer bespricht für diverse Medien alle (das heißt: wirklich alle!) Neuerscheinungen Tiroler Autorinnen und Autoren in österreichischen oder ausländischen Verlagen, alle Bücher von Tiroler Verlagen und darüber hinaus noch das eine oder andere Buch der deutschsprachigen Literaturszene – ein schier unglaubliches Arbeitspensum. Alle zehn Jahre bündelt Schönauer seine Besprechungen auch zu Büchern, zuletzt in dem knapp 600 Seiten umfassenden Band *Blitz und Koma*, das die Besprechungen der Jahre 2000 bis 2014 umfasst. In Vorbereitung sind im Klagenfurter Kitab-Verlag außerdem seine gesammelten Rezensionen der letzten vier Jahrzehnte, die in vier Bänden knapp 2500 Seiten umfassen werden. „Das erste Buch, das man nicht auf das Nachttischchen legt, sondern gleich als solches verwendet", bemerkt Schönauer ironisch und wird dann doch etwas ernster. „Liest man sich durch die Rezensionen der letzten Jahre, dann ist das wie Zeitunglesen, all die Geschichten und Hintergründe, die man schon längst vergessen hat, kommen über die einzelnen Bücher wieder zurück."

Seine Mails unterschreibt Schönauer übrigens immer mit „Haltet durch!“, was sowohl für die Tiroler Literaten als auch die Studenten der Innsbrucker Universität als brauchbarer Leitsatz gelten mag.

Ich wende mich zum Gehen, überquere die Universitäts-Kreuzung und sehe in einiger Entfernung auf einer Insel inmitten der Straßen das Gebäude des ehemaligen Gasthaus Innrain, in dessen schönem Garten die Studenten früher bei Bier und Schnitzel stundenlang schwatzten und diskutierten; seit ein paar Jahren ist diese Innsbrucker Institution aber leider verschwunden.

Schräg gegenüber führt unser Weg in die Josef-Hirn-Straße, der Name weckt doch bereits intellektuelle Assoziationen. Damit ist nicht das Verbindungsgebäude einer Innsbrucker Burschenschaft gemeint, sondern der Turm dahinter, wo im zehnten Stock sowohl das Literaturhaus am Inn als auch das Brenner-Archiv untergebracht sind. Von diesem unscheinbaren Gebäude darf man sich nicht abschrecken lassen, sondern muss mit etwas Mut den engen Lift betreten, der einen mit Wackeln und Rumpeln in den zehnten Stock bringt. Benutzen kann man das Archiv nur unter Einhaltung etlicher Regeln und nach mehreren Unterschriften – es finden hier aber regelmäßig hochkarätige Literaturveranstaltungen statt, die von jedermann besucht werden können.

Im Brenner-Archiv wird seit seiner Gründung 1964 geforscht, etwa zu Norbert C. Kaser, dem früh verstorbenen Südtiroler Lyriker, zu Christine Lavant oder zu Joseph Zoderer. Die Säulenheiligen des Brenner-Archivs sind aber Carl Dallago und Georg Trakl, dazu der übrige Brenner-Kreis, dem das Archiv seinen Namen zu verdanken hat. Ich werde nie vergessen, wie der Brenner-Archiv-Mitarbeiter Anton Unterkirchner vor Jahren, als ich selbst einen Band mit Gedichten von Georg Trakl herausgegeben habe, auf meine Frage nach der berühmten Karikatur Trakls von Max von Esterle meinte: „Ja, die müsste hier irgendwo herumliegen.“

Dieser Max von Esterle, dem wir auf dem Mühlauer Friedhof zumindest indirekt schon begegnet sind, war zu Beginn des 20. Jahrhunderts ein bekannter Tiroler Maler, heute ist er hauptsächlich wegen seines Zyklus an satirischen Zeichnungen *Tirols Koryphäen* bekannt, der als erste Publikation im damaligen Brenner-Verlag der Zeitschrift erschienen ist. Darin porträtierte Esterle 75 „Geistesgrößen" des damaligen Tirols mit wenigen Strichen ausgesprochen satirisch, und ich kann mir vorstellen, dass sich nicht alle Porträtierten über die Aufnahme in die Sammlung gefreut haben. Die meisten *Koryphäen* werden zur Satire wohl nobel geschwiegen haben, nur von Bernhard Jülg ist überliefert, dass er sich über Esterles Zeichnung geärgert hat. Seine Schüler – er war neben seiner Schriftstellerei Gymnasialprofessor in Innsbruck und Kufstein – sollen sich sogar angeboten haben, Max von Esterle zu verprügeln. Ludwig von Ficker druckte die ersten 25 Zeichnungen in seiner Zeitschrift *Der Brenner* ab. Vor allem lehnte sich Esterle an die von Olaf Gulbransson geschaffenen und im Münchner *Simplicissimus* veröffentlichte Serie der „Galerie berühmter Zeitgenossen" an. Die Koryphäen waren auch eine Absage an die bis dahin dominierende Heimatkunst, als deren Gegner von Ficker, Esterle und die übrigen Mitarbeiter mit ihrer Zeitschrift angetreten waren; sie wollten das Alte ablösen und der Moderne Platz machen.

Unter den karikierten Größen waren Dichter wie Franz Kranewitter, Heinrich von Schullern, Arthur von Wallpach, Rudolf Greinz, Maler wie Albin Egger-Lienz, Josef Durst und Albert Plattner, aber auch „Honoratioren" wie der Landeshauptmann Baron Kathrein, der Landesschützenmeister Baron An der Lan oder auch der damalige Bürgermeister von Innsbruck, Wilhelm Greil. Den meisten Größen der damaligen Zeit begegnet man heute fast ausschließlich als Straßennamen auf Schildern; seit ein paar Jahren sind die meisten Straßenschilder mit einem erläuternden Text zu den historischen Persönlichkeiten ergänzt, und so kann man in Innsbruck im Gehen und Lesen viel über diese Namen und die Geschichte der Stadt erfahren.

Hier im zehnten Stock in der Josef-Hirn-Straße 5 ist aber nicht nur das Brenner-Archiv untergebracht, sondern auch das Literaturhaus am Inn, das Lesungen mit nationalen und internationalen Autorinnen und Autoren veranstaltet. Die Nähe zur Universität ist dem Veranstaltungsprogramm durchaus anzusehen, bei allzu speziellen Themen und Büchern verirren sich nur die KollegInnen der germanistischen oder romanistischen Institute hierher. Bei so manchen Veranstaltungen müssen aber auch BesucherInnen abgewiesen werden, da im überschaubaren Veranstaltungssaal schlicht kein Platz mehr ist.

Von so viel Literatur und Geistesgeschichte ein wenig ermüdet, lasse ich auf meinem heutigen Spaziergang das Archiv an diesem Tag links liegen und spaziere den Innrain weiter entlang Richtung Innenstadt. Kurz vor dem Terminal – dem zentralen Umsteigeplatz der öffentlichen Verkehrsmittel – biege ich rechts ab in die Bürgerstraße, mein Rundgang soll wieder in der Anichstraße enden. Es ist Mittag und ich beabsichtige, ein Gasthaus zu besuchen. Ich gehe auf der rechten Straßenseite und komme nach ein paar Metern am leicht grotesk anmutenden Schaufenster der Innsbrucker Liedertafel vorbei, wo über dem Eingang der Leitspruch prangt: „Stets behalt den reinsten Klang, deutsche Treue, deutscher Sang." Da muss man sich schon sehr bemühen, um nicht auf falsche Gedanken zu kommen … Ich biege in die Anichstraße ein, eine Häuserzeile entfernt sehe ich schon das Schild des Gasthauses Anich. Wenn man eine traditionelle Tiroler Speisekarte sucht, dann ist man im Gasthaus Anich genau richtig. Das Gebäude, in dessen Erdgeschoß das Gasthaus beheimatet ist, gehört – wie die halbe Innsbrucker Innenstadt, könnte man meinen – einem christlichen Orden, in diesem Fall den Prämonstratenser-Chorherren von Stift Wilten. Das ist eines

Turnvater Jahn hätte bei einem Spaziergang durch Innsbruck hier sicher seine Freude.

der Symptome für die immer noch starke Präsenz der katholischen Kirche in Innsbruck und in Tirol ganz allgemein, was man in säkularisierten Zeiten gerne vergisst.

Das Anich jedenfalls ist als Gasthaus eine Augenweide; nach sanfter Modernisierung zeigt es sich als funktionale Wirtschaft, die Tradition und Moderne zu verbinden weiß. So wurden etwa die originalen Wandvertäfelungen rund um die alten Stammtische erhalten, die stilecht mit zahlreichen Haken zum Aufhängen der Mäntel bestückt sind. Auch der Blick in die Speisekarte bekräftigt diesen Eindruck.

Eine Spezialität des Hauses sind die selbst gemachten Suppen, von der Speckknödelsuppe, die man in Tirol auf jeder Alm bekommt, über schlichte Gemüsesuppe bis hin zur hausgemachten Leberknödelsuppe, und viele gehen extra ins Anich für Wiener Schnitzel oder Backhendl. Die handfeste Kost gibt es zu äußerst günstigen Preisen, weshalb man zur Mittagszeit Glück haben muss, um noch einen freien Platz zu ergattern. Es kann durchaus sein, dass der Kellner die Bestellung bestimmter Speisen verweigert, weil deren Zubereitung die durchgehende Anwesenheit der Köchin neben der Pfanne erfordert und dafür gerade keine Zeit ist – ein Indiz dafür, dass frisch gekocht wird.

Wieder eine Institution: das liebevoll renovierte Gasthaus Anich

Im Gasthaus Anich gehen die Innsbrucker essen, und das merkt man. Bestellt man als Tourist nicht allzu forsch auf Hochdeutsch, kann man sich getrost unter die Einheimischen mischen. Ich habe an diesem Tag Lust auf Speckknödelsuppe. Speckknödel darf man übrigens heute in Zeiten der Überregulierungen der EU nur mehr sagen, wenn ein gewisser Prozentsatz Schinkenspeck verwendet wird; deswegen heißen die meisten Knödel auf Speisekarten schlicht Tiroler Knödel, da ist dann Hartwurst drin. Wobei: Das Vorschieben der EU könnte auch ein Marketing-Gag der Tirol Werbung sein, die so erreicht hat, dass so gut wie jedes Mal, wenn jemand in Tirol eine Suppe bestellt, das Wort Tirol ausgesprochen werden muss.

Zum Nachkochen

SPECKKNÖDELSUPPE

Zutaten
6 altbackene Semmeln oder 200 g Knödelbrot
0,2 l Milch
2–3 Eier
100 g Speck
30 g Butter
150 g geräucherte Wurst oder Selchfleisch
1 Zwiebel, geschält
Petersilie, Schnittlauch, Salz
80–100 g Mehl

Zubereitung
Semmeln kleinwürfelig schneiden und in eine Schüssel geben. Milch mit Eiern verquirlen, über die Semmelwürfel gießen, zudecken, eine halbe Stunde ziehen lassen. Würfelig geschnittenen Speck in Butter ausbraten, Wurst oder Selchfleisch kurz mitbraten und wie die kurz angebratene, klein geschnittene Zwiebel den Semmeln zugeben. Petersilie, Schnittlauch, Salz nach Belieben dazugeben, Mehl darüberstreuen und alles zu einem eher festen Teig verkneten. Den Teig zu Knödeln formen und in Salzwasser etwa zwölf Minuten leicht wallend kochen lassen (alternativ über Dampf zubereiten). In einer falschen (Wasser mit Suppenwürfel) oder echten Rindsuppe servieren, mit Schnittlauch garnieren.

Orte zum Verweilen

Antiquariat Gallus
Anichstraße 25, 6020 Innsbruck
Tel.: +43 512 585000
Öffnungszeiten: Di–Fr 10–13 Uhr und 14–18 Uhr, Sa 10–13 Uhr
www.gallus.co.at

Universitäts- und Landesbibliothek Tirol
Innrain 50, 6020 Innsbruck
Tel.: +43 512 507 2401
Öffnungszeiten: Mo–Fr 8–22 Uhr, Sa/So 8–18 Uhr

Forschungsinstitut Brenner-Archiv
Josef-Hirn-Straße 5/10. Stock, 6020 Innsbruck
Tel.: +43 512 507 45001
Öffnungszeiten: Mo–Do 8–16 Uhr, Fr 8–12 Uhr

Gasthaus Anich
Anichstraße 15/ Fallmerayerstraße 8, 6020 Innsbruck
Tel.: +43 512 570 450
Öffnungszeiten: Mo–Sa 9–24 Uhr, Sonntag Ruhetag

Saggen und die Innenstadt

Wenn man am Innsbrucker Hauptbahnhof ankommt, stechen einem gleich jene zwei Dinge ins Auge, für die Tirol berühmt ist: das Skifahren und das Bergwandern. Auf den großen Fresken von Max Weiler, die den Bahnhof dominieren, sind diese beiden Motive abgebildet. Ganz im Sinne Herodots könnte man sagen, dass der Landstrich und das Leben seiner Bewohner stark vom Klima beeinflusst sind. In Innsbruck und meist auch im restlichen Tirol herrscht schönes Wetter, das die Einwohner geradezu zwingt, Ausflüge zu unternehmen, und nicht daheim im Ohrensessel mit einem Buch den Tag zu verbringen. Schließlich leben die Tiroler das ganze Jahr da, wo andere Urlaub machen …

Die Tirol Werbung, deren Vorläufer, der „Verein zur Hebung des Fremdenverkehrs in Nordtirol“, 1889 gegründet wurde, hat früh erkannt, dass für viele rural geprägte Gesellschaften Mitteleuropas, die bis weit ins 20. Jahrhundert zu großen Teilen ärmlich und karg von Landwirtschaft lebten, der Tourismus die einzig gewinnbringende Lebensgrundlage darstellt. Und sie hatte recht. Jeder sechste Wintersporttourist weltweit verbringt seinen Urlaub heute in Tirol. Das ist bemerkenswert. Die Postkartenidylle wird perfekt vermarktet, Tirol-Werbespots mit gänsehautverursachenden Aufnahmen von Bächen, Bergen und Adlern werden mit dem *Tirol Concerto* des renommierten und international preisgekrönten Komponisten Philip Glass unterlegt. Ein Teil des Budgets der Tiroler Filmförderung fließt übrigens auch in diesen Bereich, und zwar in die Finanzierung von Bollywood-Filmen, deren Traumsequenzen meist auf grünen Wiesen vor Bergkulissen spielen – bisher wurde im Zuge von über siebzig indischen Produktionen in Tirol gedreht. Der zweite große Player ist natürlich die Schweiz, die ihr Heidiland-Image ebenfalls zu pflegen weiß. Die Folge derartiger Bemühungen sind zahllose Nächtigungen von indischen Touristen, die einmal im Leben nur zu gerne auf den Spuren ihrer Leinwandstars wandeln möchten.

Der Bahnhof ist neben der Autobahn nach Vorarlberg, Salzburg, München und auf den Brenner der Dreh- und Angelpunkt für Reisende von nah und fern. Unterm Jahr tummeln sich dort insbesondere am Freitag die Studenten aus Vorarlberg und Südtirol, die über das Wochenende nicht in Innsbruck bleiben wollen und bepackt mit Heimweh und Dreckwäsche die zwei, drei Stunden Zugfahrt zum Elternhaus auf sich nehmen. In Innsbruck ist man als Student erst wirklich angekommen, wenn man am Wochenende eben nicht nach Hause fährt, sondern sich ins Nachtleben stürzt. Das Absacken in diversen Nachtlokalen, zu wenig Schlaf, die Augenränder – das macht ein Studium erst zum Studium.

Max Weiler hat diesen Aspekt des Studierens auf seinem Fresko ebenfalls berücksichtigt, bei ihm lümmeln desinteressierte junge Menschen in den Bänken, sie schlafen oder sind zumindest kurz davor. In Innsbruck gibt es, begünstigt durch die geografische Lage, eine der ältesten Universitäten Mitteleuropas. Vom Bahnhof aus ist die katholisch-theologische Fakultät in der Universitätsstraße via Brixnerstraße, Meinhardstraße und Sillgasse schnell erreicht.

Die Jesuitenkirche von hinten betrachtet, samt den zwei spät vollendeten Fassadentürmen

Die Jesuiten, die Kaderschmiede der Katholiken, gründeten bereits 1562 ein Kolleg und bildeten den Nachwuchs für ein Ausschwärmen in die deutschen Länder in Innsbruck aus. Auch heute noch dominieren die prunkvollen mittelalterlichen Gebäude samt Jesuitenkirche das Stadtzentrum nahe der Universitätsstraße. Dort ist die theologische Fakultät untergebracht, inklusive Seminar für die angehenden Priester aus aller Welt. Ihren Anspruch auf weltliche und geistliche Dominanz in einer sich immer schneller ändernden Welt muss die Gesellschaft Jesu aber mit einer anderen Fachrichtung teilen, die in Innsbruck in den letzten zwanzig Jahren stark an Bedeutung gewonnen hat. Passenderweise in Sichtweite direkt gegenüber der Jesuitenkirche steht das MCI (Management Center Innsbruck), eine Fachschule für Wirtschaftswissenschaften, gleich dahinter der Neubau der SoWi, der sozialwissenschaftlichen Fakultät, wo man neben Wirtschaftswissenschaften, Betriebswirtschaft und Internationaler Wirtschaft noch eine Reihe weiterer Fächer mit pekuniärer Ausrichtung studieren kann. So hat sich der Schwerpunkt vom Religiös-Geisteswissenschaftlichen hin zum Wirtschaftlichen verschoben; die Studien sollen alle vorbereiten auf eine Zukunft in und um den Tourismus, von dem Tirol und Innsbruck sehr gut leben.

Das MCI besteht – wie die umgrenzende SoWi – in erster Linie aus Glas, ein Fest für die Putzkolonnen.

Das kann man hauptsächlich in den Wintermonaten beobachten. Das relativ nahe St. Anton am Arlberg gilt als Wiege des alpinen Skilaufs (so wollen es die Touristiker, auch wenn das schweizerische St. Moritz einen eigenen Gründungsmythos erzählt), und Innsbruck beeindruckt speziell durch die Nähe von Stadt und Bergen. Von der Innenstadt aus erreicht man wie erwähnt mit den öffentlichen Verkehrsmitteln die Hungerburg und von dort mit der Seilbahn die Seegrube, in einer halben Stunde gelangt man vom Tal auf 1900 Meter Höhe. Für die Innsbrucker haben die Berge noch einen anderen Vorteil: Sie befinden sich exakt im Norden und im Süden und erleichtern die Orientierung in der Stadt ungemein.

Diese Naturnähe zieht zahlreiche Touristen an, das liegt auf der Hand. Traditionell stark vertreten sind die Deutschen, aber es gibt auch skiverrückte Holländer, die vornehmlich das Zillertal besiedeln (und ihre Heimreise meist von Innsbruck aus in den sogenannten Gipsbombern antreten, den Charterflügen der lokalen Airlines im Auftrag der Krankenversicherungen), und die in den letzten Jahren häufiger gewordenen russischen Gäste (die bei den Hoteliers wegen etlicher anscheinend exakt zutreffender Vorurteile nicht sonderlich beliebt sind und deren Kommen man durch die laut röhrenden Motoren der alten Tupolev-Maschinen, die Innsbruck ebenso niedrig anfliegen müssen wie die anderen Flugzeuge, schon von Weitem hört).

Mein Spaziergang führt mich also ausgehend von der theologischen Fakultät und der sehr schönen Jesuitenkirche über die SoWi weiter die Kaiserjägerstraße entlang in den Stadtteil Saggen, und zwar den sogenannten Villensaggen. Dieser Teil der Stadt ist Ausdruck des Selbstbewusstseins des Innsbrucker Bürgertums (und seines wirtschaftlichen Erfolgs) gegen Ende des 19. Jahrhunderts, da reiht sich eine Villa samt parkähnlichem Garten im Jahrhundertwendestil an die andere, vor allem in der wunderschönen Falkstraße, der Elisabethstraße oder der Richard-Wagner-Straße. Viele Touristen besuchen Innsbruck als Gruppenreisende per Bus, und nicht selten führt die Sightseeing-Tour der Reisebusse auch durch den Villensaggen; durch die Fenster hindurch werden dann die imposanten Gründerzeitbauten fotografiert. Wundern Sie sich als Spaziergänger auch nicht, wenn im Winter in der breiten Falkstraße ein leerer Reisebus nach dem anderen steht – Tagestouristen amüsieren sich wahrscheinlich gerade auf dem

Ein zum Himmel schreiendes Hausdetail bei einer Saggen-Villa

Blick in die Falkstraße

Christkindlmarkt. Die Falkstraße endet direkt bei der Messe, was sie auch als Parkfläche für Wohnmobile der Aussteller sehr beliebt macht (deshalb die „Camping verboten!“-Schilder …).

Der Villensaggen wird am besten zu Fuß erkundet. Beim Verweilen vor den selbstbewussten Villen namens Villa Victoria, Haus Exl oder Haus Windsor können zahllose Details bestaunt werden; ich erspähe nach so vielen Spaziergängen im Saggen immer noch Neues. Vielleicht finden Sie ja die Villa in der Elisabethstraße mit der Fassade voller furchterregender Drachen und anderer Wesen oder das Haus Hubertus in der Richard-Wagner-Straße, in dessen beleuchteter Stube man abends Geweihe und sogar einen ganzen Hirschkopf sehen kann.

In der gleichen Straße befindet sich eine große Villa, bei der es ebenfalls etwas zu entdecken gibt. Schaut man beim Tor zur Straße in Richtung des überdachten Eingangsbereichs, sieht man eine Marmortafel, die an die ersten Ungarnflüchtlinge im Jahr 1956 erinnert. Es ist eine Dankestafel der Flüchtlinge aus dem Kommunismus, die sich an die freundliche Aufnahme in Innsbruck erinnern. Man kann sich vorstellen, dass sich die Ungarnflüchtlinge damals in dieser prächtigen Villa wohlgefühlt haben. Die Zeit der ehrlichen

Früher bedeutete der Flüchtlingsstatus für manche noch ein mondänes Wohnen: die Villa der ehemaligen Ungarnflüchtlinge im Stadtteil Saggen.

Solidarität scheint allerdings vorbei zu sein, denkt man an den Streit der politischen Elite über Aufnahmequoten für Flüchtlinge aus Syrien oder Tschetschenien; von einer Unterbringung in einer Gründerzeitvilla können heutige Asylsuchende nur träumen.

Dabei waren die Zeiten schon einmal anders. Selbst in den Neunzigerjahren des vorigen Jahrhunderts waren die vielen Flüchtlinge aus dem ehemaligen Jugoslawien, das im Zuge des Bürgerkriegs zerfiel, in Innsbruck, Tirol, ja in ganz Österreich willkommen. Eine Welle der Solidarität führte unter anderem zur Gründung der Initiative *Nachbar in Not*, und ich erinnere mich an meine Schulzeit, als wir Jacken, Spielzeug und Decken sammelten, die dann per Hilfskonvoi in Lkws auf den Balkan fuhren.

Ebenso sehenswert auf unserer Tour ist die direkt gegenüberliegende evangelische Kirche sowie das wie eine Trutzburg an der Ecke Kaiserjägerstraße/Karl-Schönherr-Straße liegende Gebäude, in dem heute die Handelsakademie untergebracht ist. Direkt anschließend befindet sich ein lang gezogener Bau in historistischem Stil, in dem die musikwissenschaftliche

Fakultät einquartiert ist. Und an dieser Stelle ist es dann vorbei mit der architektonischen Schönheit, hier gegenüber liegt ein Neubau aus den Siebzigerjahren des vorigen Jahrhunderts, in dem der Österreichische Rundfunk residiert (diese runden Bauten wurden in allen Bundesländern nach den Plänen von Gustav Peichl ausgeführt, der technische Ästhetik ohne bauliche Behübschung anstrebte – was ihm gelungen ist). Auf der anderen Seite des Rennwegs sehe ich die Haltestelle Löwenhaus der Hungerburgbahn.

Ich setze meinen Spaziergang über den Rennweg entlang Richtung Innenstadt fort. Nach wenigen Gehminuten erreiche ich linker Hand den Innsbrucker Hofgarten und gehe die großzügige Europaratsallee entlang, die von prächtigen Kastanienbäumen gesäumt ist. Im Herbst wimmelt es hier von kastaniensammelnden Kindern – und Achtung bei Föhn: herunterprasselnde Kastanien und ihre stacheligen Hüllen! Auf halber Höhe kann man den Pavillon der Tiroler Künstlerschaft besuchen, der mit wechselnden Ausstellungen von Tiroler und internationalen zeitgenössischen Künstlern bespielt wird.

Unwidersprochen auf den ersten Blick ein Zentrum des Rundfunks

Vorbei an den wartenden Kutschen erreiche ich den Vorplatz des Tiroler Landestheaters, als Ausklang meines Saggenspaziergangs bietet sich hier das Café Pavillon an. Mit Blick auf die pittoreske Innsbrucker Hofburg auf der anderen Straßenseite klingt der Nachmittag gemütlich aus.

Ich lasse den Spaziergang Revue passieren und bleibe gedanklich hängen: Am Anfang der Europaratsallee führt auf der anderen Seite des Rennwegs ein Steg über den Inn. Der früher schlicht Innsteg genannte Übergang heißt seit 2003 Émile-Béthouart-Steg, in Erinnerung an General Émile Béthouart, der nach dem Ende des Zweiten Weltkriegs Kommandant der französischen Besatzungstruppen war, die Vorarlberg und Tirol verwalteten.

Die vorrückenden Alliierten mussten Innsbruck übrigens nicht erobern; als US-amerikanische Truppen am Abend des 3. Mai 1945 in Innsbruck einmarschierten, wurde ihnen von Widerstandskämpfern unter Karl Gruber eine befreite Stadt übergeben. Am Ende entpuppte sich der gebetsmühlenartig wiederholte Mythos von der „Alpenfestung“ als hohle Phrase, auch wenn es durch verstreute SS-Einheiten nahe Scharnitz und Mittenwald bei Seefeld vereinzelt noch heftige Gefechte gab. Leider können die Innsbrucker nicht zu heldenhaften Widerstandskämpfern stilisiert werden, der Historiker Horst Schreiber weist darauf hin, dass der organisierte Widerstand in der Bevölkerung wenig Rückhalt hatte und dass „erst nach der Befreiung dann tausende TirolerInnen zu FreiheitskämpferInnen“ mutierten.

Böse Zungen könnten den Innsbruckern nun Opportunismus unterstellen – bereits zu Zeiten Andreas Hofers waren die Innsbrucker Bürger tendenziell dem jeweiligen Machthaber zugeneigt, seien es die besatzenden Bayern oder Andreas Hofer, der Sandwirt vom Passeier. Die Innsbrucker versuchten sich immer schon durch die schwierigen Zeiten durchzulavieren.

Die Tiroler sehen sich übrigens in erster Linie als Tiroler und erst in zweiter Linie als Österreicher, die Innsbrucker in erster Linie als Innsbrucker und dann erst als Tiroler. Das mag mit dem allgemeinen Dünkel der Hauptstädter gegenüber dem Umland zusammenhängen, den man wahrscheinlich auch in jeder anderen Provinzhauptstadt bemerken kann. Innsbruck hat aber tatsächlich eine Sonderstellung inne, das wird vor allem bei Föhnwetter im Straßenverkehr deutlich. Föhn ist ein warmer Fallwind, der aus Italien über den Brenner und das Wipptal in die Stadt hereinweht und der der Hauptgrund für Innsbrucks überdurchschnittlich schönes Wetter ist. Allerdings sorgt er nicht nur für Sonnenschein: Wetterfühligen beschert er hartnäckige Kopfschmerzen, den übrigen Innsbruckern – und da besonders den Autofahrern – übertriebene Ungeduld und spontan aufbrausenden Jähzorn. Da reicht es dann schon, mit einem Schwazer, Kufsteiner oder gar Wiener Kennzeichen unterwegs zu sein, um mit Hupen und unfreundlichen Gesten daran erinnert zu werden, dass man in Innsbruck eigentlich nichts verloren hat. Und an Föhntagen schaut man als Fußgänger besser zwei Mal nach links und nach rechts, ehe man die Straße quert …

Die Architektur des Pavillons ist catchy; der Volksmund nennt es schlicht „Würfel“.

Orte zum Verweilen

Kunstpavillon
Rennweg 8a, 6020 Innsbruck
Tel.: +43 512 581 133
Öffnungszeiten während den Ausstellungen:
Di–Fr 10–12 Uhr und 14–18 Uhr, Sa 11–17 Uhr
www.kuenstlerschaft.at

PAVILLON Restaurant & Café
Rennweg 4 (Am Landestheaterplatz),
6020 Innsbruck
Tel.: +43 512 257 000
Öffnungszeiten: Café im EG täglich von 9–24 Uhr,
Restaurant im 1. Stock Di–Sa 18–23 Uhr
www.der-pavillon.at

Wilten und Sillschlucht

Die zwei großformatigen Fresken des mittlerweile international bekannten und geschätzten Max Weiler für den Innsbrucker Bahnhof zeigen für den heutigen Betrachter harmlose Szenen. Es geht um Tirol in Geschichte und Gegenwart. Das Fresko zur Tiroler Vergangenheit zeigt Kaiser Maximilian I. mit einem dunklen Figürchen in der Hand, eine Anspielung auf sein (leeres) Grabmal in der Hofkirche, auch Schwarzmanderkirche genannt, in der achtundzwanzig mannshohe Bronzefiguren aufgestellt sind (Mitglieder seiner Familie und andere Grafen, Herzoge und Könige). Man sieht auf dem Fresko auch Andreas Hofer, den Tiroler Freiheitskämpfer, und natürlich das Goldene Dachl, das Wahrzeichen der Stadt. Auf dem Gegenwartsfresko (Weilers Gegenwart waren die Fünfzigerjahre des vergangenen Jahrhunderts) entdeckt man einen Skifahrer, sportliche Menschen in der Natur, ballspielend, schwimmend, aber auch einen Redner auf der Kanzel samt in den Stühlen lümmelnden Studenten. Aufgrund dieser Fresken gab es heftige öffentliche Auseinandersetzungen – weniger des Inhalts wegen, sondern vielmehr wegen Weilers moderner Formensprache, für die Innsbruck und Tirol offensichtlich noch nicht bereit waren.

Das Max-Weiler-Fresko am Bahnhof ist wohl das meist gesehene und am öftesten ignorierte Kunstwerk der Stadt.

Der Innsbrucker Bahnhof ist nach seinem Neubau (Eröffnung im Jahr 2004) ein funktionaler Nutzbau. Daneben steht übrigens als Kontrast noch ein Teil des alten, klassizistischen Bahnhofs, das Turmgebäude samt Bahnhofsuhr. Im neuen Bahnhof findet man wie in vielen Städten die üblichen Lokale von McDonald's bis Espresso-Bar, eine Trafik und einen Buch-Shop, sehr zurückhaltend im Vergleich zu anderen modernen Bahnhöfen, die hauptsächlich Einkaufszentren zu sein scheinen. Da kann der Innsbrucker Bahnhof eher traditionell die übliche Szene an Drogendealern und Gestrandeten aufweisen; aber selbst das hält sich in provinziellen Maßstäben, sodass sich ein Reisender selbst mitten in der Nacht noch vergleichsweise sicher fühlen kann. Ich nicke dem kleinen alten Mann, der seit Jahren die Straßenzeitung *20er* am Bahnhof verkauft, kurz zu, trete von der einzigen Rolltreppe ins Parterre des Bahnhofs und verlasse das Gebäude.

Ich wende mich nach links und folge dem Straßenverlauf Richtung Süden, wo mir schon aus der Ferne die bekannte Sprungschanze entgegenleuchtet. Nachdem ich die ersten paar Bahnhofsbeisln passiert habe, den obligatorischen Dönerschuppen und eine Filiale der lokalen Supermarktkette, wird der Blick

Die architektonisch bemerkenswerte Fassade des ehemaligen Adambräu

weiter. Ich komme am ehemaligen Gelände der Adambräu-Bierbrauerei vorbei; sie war eine der beiden noch bis in die Siebzigerjahre des vorigen Jahrhunderts existierenden Brauereien der Stadt, die ihre Nachfolger in kleinen Hausbrauereien gefunden haben. Auf dem Adambräu-Gelände ist mittlerweile das aut. architektur und tirol beheimatet, ein Zusammenschluss der Architekten Tirols, die mit wechselnden Ausstellungen und Buchpublikationen die Architekturgeschichte des Landes bearbeiten.

Ein paar Meter weiter geht man am Maxim und dem Haida vorbei, den zwei wohl ältesten einschlägigen Etablissements der Stadt, in denen die Damen des horizontalen Gewerbes ihre Dienste anbieten. Der Türsteher in Mantel und mit Dienstmütze mustert mich nur kurz, vielleicht kennt er die Geschichte, dass durch die Bombenangriffe der Alliierten, die den Innsbrucker Bahnhof und die umliegende Gegend gegen Ende des Zweiten Weltkriegs in Schutt und Asche legten, einzig das Bordell heil blieb, was der Volksmund flugs in ein Zeichen von oben ummünzte. Die Häuserzeile, in der die Bordelle eingemietet sind, gehörte nämlich den geistlichen Herren des Stift Wilten.

Ich möchte weiter nach Süden und quere Innsbrucks meistbefahrene Straße – den sogenannten Südring – an der Grassmayr-Kreuzung, benannt nach der hier immer noch angesiedelten, im

Vivos voco. Die Lebenden rufe ich.

Jahr 1599 gegründeten Gießerei Grassmayr, die auf eine jahrhundertelange Tradition des Glockengießens zurückschauen kann. In einer Zeit, als Innsbruck zeitweise der Nabel des Heiligen Römischen Reichs Deutscher Nation war, als in Schloss Büchsenhausen im Stadtteil St. Nikolaus die besten Kanonen für die europäischen Kriege gegossen wurden, stellten die Grassmayr bereits ihre Glocken her. Heute hat sich das Unternehmen, das nach wie vor für internationale Auftraggeber Kirchenglocken produziert, dem Wandel der Zeit ergeben und bietet den Touristen ein Museum bis hin zu einem Schaugießen.

Ich lasse den Autolärm hinter mir und schlendere Richtung Stift Wilten, einem der ältesten historisch verbürgten Siedlungsorte auf Innsbrucker Boden aus nachrömischer Zeit. Stift und Basilika sind architektonisch von barocker Üppigkeit und Schönheit, die mich jedes Mal staunen lassen. Zum Ort passend fällt mir die Sage vom Riesen Haymon ein, der in einem Tirol der Vorzeit mit einem Drachen aus der nahen Sillschlucht sieben Tage und Nächte gerungen hat, da der Drache immer wieder aufs Neue die Grundsteinlegung von Stift Wilten verhindert haben soll, indem er das am Vortag Erbaute wieder eingerissen hat. Der

Im Stift Wilten wird bis heute die vom Riesen Haymon abgeschlagene Zunge des Drachen aufbewahrt.

Kampf stand auf Messers Schneide, aber schließlich siegte mit Gottes Hilfe der Riese, der dem Drachen die Zunge aus dem Maul schnitt, die der Legende nach immer noch in Stift Wilten aufbewahrt wird. Wer will, kann bei einem Besuch des Klosters nachsehen. Ich aber wandere weiter in die Sillschlucht und möchte die Höhle suchen, in der der Drache einst gehaust haben soll.

Die Schlucht ist nach dem Fluss Sill benannt, der vom Wipptal kommend nach und durch Innsbruck fließt, ehe er sich im Stadtteil Reichenau mit dem Inn vereint. Nahe dem Stift Wilten führt ein schmaler Weg in diese urwüchsige Schlucht, die für Wanderer sehr zu empfehlen ist. Wer nicht zu Fuß hergehen möchte, kann die Straßenbahnlinie 1 nehmen, deren Endstation nahe beim Kulturgasthaus Bierstindl liegt. Vom Stadtzentrum geht man zu Fuß etwa 15 Minuten. Von dort sind es nur noch ein paar Meter bis zur Sillschlucht.

Das Bierstindl. Von den Neunzigerjahren des vorigen Jahrhunderts bis 2010 war es Treffpunkt der Innsbrucker und der Tiroler Kultur, ein Haus, in dem Dutzende Kulturvereine untergebracht waren, ein Ort, der vom Theater über Lesungen und Slam-Poetry bis zur DJ-Kultur alle möglichen (alternativen und etablierten) Kunstsparten beherbergte. Dazu kam der Charme eines Gründerzeithauses, das zwar heruntergekommen war,

Pavillon und Kaiserjägerkapelle

aber noch ahnen ließ, dass das alte Gasthaus mit seinem wunderbaren Gastgarten samt Kastanienbäumen am Fuße des Bergisel eine glanzvollere Vergangenheit hatte – die sich tatsächlich bis ins 17. Jahrhundert zurückverfolgen lässt. Leider hatte das Bierstindl seine Finanzen nicht im Griff, der Betrieb wurde 2010 eingestellt, 2014 wurde es schließlich neu eröffnet und man versucht, an die guten alten Zeiten anzuschließen.

Eine Unterführung weiter und einmal Abbiegen nach links, schon befinde ich mich am Eingang der Sillschlucht. Auf einem schmalen Pfad entlang des Flusses gehe ich durch dichten Wald und eine urwüchsige Landschaft, über Brücken und vorbei an Eisenringen, die aus dem Gestein am Wegesrand ragen, und für einen Moment denkt man an unglückliche Gefangene, die hier in früheren Zeiten angekettet waren. Man kann verstehen, warum hier Drachen hausen sollen. Ich gehe weiter und komme zu einer Stelle, die weniger an Sagen, Drachen und Riesen erinnert. Über mir erhebt sich die mächtige Brücke der Brennerautobahn, auf der sich ein endloser Lindwurm aus Blech windet, der Transitverkehr ist hier sehr nah.

Die Poetik der Autobahn-Architektur: Das Netz zielt auf die Selbstmörder.

Zu Füßen der Brückenpfeiler scharen sich die Gestrandeten, die Verlierer des großen Warenverkehrs, die Obdachlosen von Innsbruck, die in der Sillschlucht unter der Autobahnbrücke ihre Schlafstellen haben. Tagsüber sieht man jetzt nur die zusammengerollten Schlafsäcke und vereinzelte Einkaufswagen, mehr nicht. Wie es wohl wäre, diesen Weg am Abend oder in der Nacht zu gehen?

Noch vor ein paar Jahren öffnete sich danach die Schlucht ein wenig und ein Fußballplatz kam ins Blickfeld, dahinter eine große Wiese mit Feuerstellen. Hier trafen sich an den Sommerwochenenden Teenagerhorden und Familien zum Grillen, Kindergeschrei lag in der lauen Luft, Lagerfeuerromantik.

Ich stelle mir vor, wie dieser Ort vor ein paar Jahren ausgesehen hat, von dieser Idylle ist nichts mehr übrig. An der linken Sillseite schlängelt sich heute eine lange Baustelle – Fahrzeuge, schweres Gerät –, den Fußballplatz und die Wiese gibt es nicht mehr. An diesem Platz führt eine Röhre des Brennerbasistunnels in den Berg, das infrastrukturelle Prestigeprojekt von Tirol, Österreich, Italien und der EU, das eine Bahntrasse bis nach Südtirol schaffen soll, um den Lkw-Transit endlich von der Straße weg und auf die Bahn zu verlegen.

Ich wandere weiter, tiefer in die Sillschlucht hinein. Links braust die Sill als wilder Bergbach Richtung Innsbruck. Der Fluss entspringt in den Zillertaler Alpen in über 2300 Metern Höhe und ist selbst im Hochsommer so kalt, dass an ein Bad nicht zu denken ist. Für eine idyllische Wanderung ist die Schlucht aber bestens geeignet. Ich wähle heute den kurzen Weg, biege gleich nach der Wiese rechts auf einen schmalen Waldpfad ab, der auf den Bergisel führt. Dem Schicksalsberg Innsbrucks, auf dem einst der Freiheitsheld Andreas Hofer, der Wirt aus Passeier in Südtirol, die Tiroler Landstände im Krieg gegen die Franzosen und die Bayern führte und in drei Schlachten siegreich war, ehe er in der vierten schließlich verlor. Diesen Weg sind 1809 wohl die vielen Bauern gegangen,

Die Sillschlucht ist im hinteren Teil von einer urwüchsigen Schönheit.

die Aufrufen von Andreas Hofer folgend aus allen Teilen Tirols gekommen waren. Sie nahmen teil am Freiheitskampf, zu dem er später stilisiert wurde, den fast ganz Europa gegen den kleinen Korsen führte, der den Kontinent fast zur Gänze unterworfen hatte. Erst Napoleons verlustreiche Märsche nach Russland bis vor Moskau 1812 und die Niederlage in der Völkerschlacht bei Leipzig 1813 läuteten schließlich seinen Untergang ein. Aber 1809 war es noch nicht so weit, Napoleon schien unbesiegbar, nur wenige Landstriche erhoben sich, so auch die sturen Tiroler. Dabei waren es eigentlich Ideen der Aufklärung, mehr Bürgerrechte, mehr Möglichkeiten in der Berufswahl, ein bürgerliches Gesetzbuch, welche die napoleonischen Truppen in ihrem Tross mitbrachten. Die Tiroler jedenfalls entschieden sich für die Tradition und gegen die Moderne.

Ich habe schon fast das Plateau des Bergisel erreicht, während ich mir Gedanken über die Freiheit mache, der Weg endet bei einem großen Besucherparkplatz. Vor einigen Jahren wurde hier mit großem politischen Ehrgeiz vielen Widerständen zum Trotz ein Tirol-Museum errichtet, das Tirol Panorama, dessen Herzstück das Riesenrundgemälde ist, das früher in der sogenannten Rotunde am Inn im Stadtteil Saggen

Vor dem Tirol Panorama weht mitunter auch so manche Fantasiefahne.

ausgestellt war. Wer will, kann von hier auch den neu angelegten Rundwanderweg rund um den Bergisel benutzen, eine hübsche, nicht allzu anstrengende Wanderung auf historischen Spuren. Ich möchte mir wieder einmal das Riesenrundgemälde anschauen, denn wer Tirol und Innsbruck und deren Bewohner verstehen will, der ist im Tirol Panorama auf die eine oder andere Art gut aufgehoben.

Das Riesenrundgemälde ist sehenswert, es ermöglicht eine Zeitreise ins frühe 19. Jahrhundert und zeigt die dritte Bergiselschlacht vom 13. August 1809 in ungeheurer Detailgenauigkeit. Ab der Mitte dieses Jahrhunderts, noch bevor der Siegeszug des Bewegtbilds begann, in der Hochblüte der akademischen Historienmalerei, wurden riesige Leinwände mit historischen Panoramen bemalt, die – vermutlich um des räumlichen Effektes willen – rund präsentiert wurden, wobei sich der Schauende in der Mitte befand. Diese Gemälde waren wahre Publikumsattraktionen, Schausteller zogen mit den Gemälden von Stadt zu Stadt und zeigten ihre Werke in mobilen Rotunden vor Ort. Das ist auch der Grund, warum heute nur noch wenige Rundgemälde erhalten sind – sie gingen einfach mit der Zeit kaputt. Das Innsbrucker Riesenrundgemälde

– 1896 fertiggestellt, über tausend Quadratmeter groß –, wurde aufwendig saniert und befindet sich seit September 2010 hier im Tirol Panorama.

Das Museum selbst ist ein schlichter, moderner Bau mit viel Beton, die Fassade mit architektonisch schickem Rost überzogen. Bevor man den runden Raum betritt, jagen einem Waffen und allerlei Dinge, die die Bauern als Waffen verwendeten – also Dreschflegel, Sensen und ähnliche Geräte – und die hoch über den Köpfen der Besucher aufgehängt sind, einen leichten Schauer über den Rücken.

Der Panorama-Raum selbst ist kreisrund angelegt, das Gemälde ist erleuchtet und geht dreidimensional in den Raum davor über, der mit allerlei Dekor – Steinen, Gebüschen, Kanonen, Wagenrädern usw. – eine Verlängerung des Bildes ist. Der Betrachter bewegt sich in der Mitte und hat, sich im Kreise drehend, die verschiedenen Szenen der Schlacht vor sich. Man sieht Andreas Hofer, der stoisch die Schlacht überblickt, einen furchtlosen Helden, während am Hang des Hügels verbissen gekämpft wird, Männer im Sterben liegen oder von Frauen verarztet werden. Man kann weit in den Westen und weit in den Osten blicken und im Norden das historische Innsbruck und die dahinterliegenden Berge sehen. Wie klein Innsbruck war! Man erkennt die Kranebitter Allee, die Altstadt, die Dörfer Pradl und Amras weit außerhalb der Stadt. Am Fuße des Bergisel sammeln sich die Truppen auf dem Feld vor dem Stift Wilten. Der Tiroler Oberkommandant wurde zum Symbol dafür, dass Widerstand gegen Napoleon möglich war; europaweit wurden Hofer-Holz- und Stahlstiche als Flugblätter mit patriotischen Parolen verbreitet.

Das übrige Museum reflektiert wie das Riesenrundgemälde auf archaische Weise den Mythos, zu dem Tirol über die Jahre gemacht werden sollte. In einer bunten Mischung an Exponaten, vom gesprengten Kopf des Mussolini-Reiterdenkmals aus den politisch bewegten Sechzigerjahren des vorigen

Jahrhunderts über einen von einem Auto überfahrenen Biber bis hin zu zahllosen Sportexponaten, alpinen Werbeplakaten usw., gibt das Museum einen widersprüchlichen Einblick in ein widersprüchliches Land mit einem widersprüchlichen Menschenschlag. Unnötig zu erwähnen, dass einzelne Szenen der *Piefke-Saga* in Endlosschleife über mehrere Bildschirme flimmern.

Im Museumsbesuch mit inbegriffen und bequem unterirdisch zu erreichen, ist das nebenan befindliche Kaiserjägermuseum, dessen Besuch endgültig den Eindruck einer lange vergangenen Zeit erweckt; zahllose Waffen, Gemälde diverser Soldaten und am Ende eine immer noch genutzte Kapelle samt daneben aufliegenden Totenbüchern der gefallenen Soldaten des Ersten Weltkriegs. Im Kontrast dazu hat man durch ein großes Panoramafenster einen wunderbaren Blick über Innsbruck. Ich verlasse das Museum, besuche nicht das hausinterne Restaurant (ein Selbstbedienungsrestaurant wie an einer Autobahnraststätte), sondern gehe zum Pavillon an der Spitze des Museumsvorplatzes. Der Kies knirscht unter meinen Füßen, und hier sieht man Innsbruck, finde ich, so wie es ist. Der endlose Strom des Transitverkehrs ist nicht zu überhören, Inntal- und Brennerautobahn sind in nächster Nähe, durch den Bergisel führen insgesamt vier Tunnel, die Stadt gerät aus dieser Perspektive geradezu in den Hintergrund.

In meinem Rücken weiß ich die Bergiselschanze, die einmal im Jahr im Zuge der Vierschanzentournee der Skispringer genutzt wird, gerade den Standort finde ich passend. Sportler, vor allem Wintersportler, sind die Helden von heute. Österreich ist klein, Tirol ist klein, aber im Wintersport gehört Österreich zur Weltspitze; jeder Mensch braucht vermutlich etwas, worauf er stolz sein kann, um eine gewisse Identifikation mit seinem Land entwickeln zu können. Ganz in der Nähe des Museums ist auch eine große Andreas-Hofer-Bronzestatue aufgestellt.

Berge und Autobahn und der weite Blick in die Ferne

GOTT KAISE
UND

Ich beeile mich, den Bergisel zu verlassen, neben dem Kaiserjägermuseum führt ein hübscher Weg ins Tal zum Gasthaus Bierstindl; der Gastgarten mit den Kastanienbäumen ist schön wie eh und je. Ich kehre ein und suche auf der Speisekarte – getränkt mit Tirol und Helden und Patriotismus – nach etwas typisch Tirolerischem. Und was wäre passender als Tiroler Graukäse, ein lange gereifter, intensiver, stinkender Sauermilchkäse, der üblicherweise mit Zwiebeln, Essig und Öl angerichtet wird. Er kann für viele Speisen verwendet werden, es braucht aber schon einen sturen Menschenschlag, um sich der für Nase und Mund so herausfordernden Speise hingeben zu können. Für Laien nur mit Vorsicht zu genießen!

Es scheint, als wollte uns Andreas Hofer mit seinem Zeigefinger auf etwas hinweisen.

Zum Nachkochen

Graukäse war früher ein Armeleuteessen – der Rahm musste als Butter verkauft werden, die Magermilch blieb übrig. Heute hat man aus der Not eine Tugend gemacht: Als kulinarische Besonderheit ist Tiroler Graukäse durch eine europäische Ursprungsbezeichnung geschützt, dazu kann er rohstoffbedingt mit niedrigem Fettgehalt punkten – Ironie der Geschichte.

Graukäse wird ob seines intensiven Geschmacks unter anderem häufig für Tiroler Kaspressknödel verwendet, die auf Hütten in Tirol gern gegessen werden.

KASPRESSKNÖDEL

Zutaten

1 Zwiebel
Knoblauch (Menge nach Geschmack)
200 ml Milch
7 altbackene Semmeln oder 250 g Knödelbrot
2 Eier
Salz, Pfeffer, Petersilie, Majoran
100 g verschiedene Käsesorten (Graukäse, Bergkäse etc.)
Butterschmalz und etwas Butter

Zubereitung

Semmeln kleinwürfelig schneiden und in eine Schüssel geben. Zwiebel und Knoblauch schälen und fein schneiden. In etwas Butter anschwitzen. Mit Milch aufgießen und alles zu den Semmelwürfeln geben. Eier, Gewürze und Käse zugeben und alles gut vermengen. Etwa 20 Minuten gut durchziehen lassen. Anschließend kleine Knödel formen, diese flach drücken und in heißem Butterschmalz knusprig braun ausbacken.

Der Graukäse rumort noch in meinem Bauch und ich beabsichtige, ihn zum Verstummen zu bringen. Ich verlasse also das Bierstindl und biege beim Stift Wilten links in die Pastorgasse und folge ihr bis zum Feldweg. Hier heißt es, Geduld zu haben, denn die unschöne Straße durchs Gewerbegebiet schlängelt sich an den Schienen der Eisenbahn entlang, Vorsicht bei so mancher Kurve, denn die Lkws achten auf die seltenen Fußgänger eher weniger. Am Ende des Feldwegs entdeckt man allerdings ein Juwel Innsbrucks: die Brauerei Harald Baumgartner. Perle deswegen, weil die speziellen Hopfensorten funkelnde Namen tragen, etwa die Saphir, die Harald Baumgartner aus der Nähe von Ingolstadt bezieht und für sein Tiroler Bier verwendet, das er in dem schmucklosen Gebäude in der Feldstraße braut. Man darf sich aber nicht täuschen lassen von der Fassade, hier braut jemand, der sein Handwerk versteht. Bereits beim Betreten des Gebäudes fällt einem der markante Geruch nach Stammwürze auf, die einem Bier den Geschmack verleiht. Das Malz kommt übrigens aus Memmingen in Deutschland.

Baumgartner, der noch im Innsbrucker Adambräu gelernt hat, machte später die Ausbildung zum Brau- und Mälzermeister in Ulm. Nach verschiedenen beruflichen Stationen beim Bürgerbräu in Innsbruck, in der Brauerei Starkenberg bei Imst und der Gasthausbrauerei Pranger in Unterperfuss bei Innsbruck machte er sich 1999 selbstständig und tüftelt seit Jahren mit Liebe zum Detail am richtigen Verhältnis von Hopfen und Malz. Und Wasser, natürlich. Wie beiläufig erzählt er, dass das Innsbrucker Wasser, das täglich aus dem Wasserhahn kommt, bereits zwölf Jahre alt sei und so lange im Wasserwerk lagert. Für mich schließt sich da ein Kreis. Ebenso mit dem Adambräu, von dem mir Baumgartner erzählt.

Er selbst betreibt mit seinem einzigen Mitarbeiter Michael Jäger in erster Linie Handarbeit, was ich heute gleich beim Eintreten bemerke. Der Chef persönlich zieht den Gummi über den Verschluss für die Bügelflaschen, in denen das Tiroler

Bier verkauft wird. Sorgfalt ist hier die Maxime, auch beim Brauen. Baumgartner braut nur mit Hopfen, Malz und Wasser – und mit Zeit. Keine Chemikalien, keine künstliche Kohlensäure wird zugesetzt, am Ende steht ein naturtrübes, äußerst süffiges Bier mit 12,3° Stammwürze und nur 4 % Alkohol, das man an drei Tagen in der Woche auch an einfachen Biertischen in geselliger Runde verkosten kann, inklusive obligatorischer Bierbreze. Diese Gelegenheit nutzen zahlreiche Stammgäste, etwa ein Stammtisch ehemaliger Brauer, die sich hier einmal im Monat treffen und dem direkt vom Tank gezapften Bier zusprechen. An diesen Tagen gibt es auch einen Rampenverkauf für Privatpersonen, der gerne genutzt wird. Ansonsten vertreibt Harald Baumgartner sein Bier über einige Gasthäuser, ein paar Supermärkte, das Kulinarium in der Innsbrucker Altstadt und diverse andere Orte.

Wenn man mit Harald Baumgartner über sein Bier spricht, merkt man, dass er seinen Beruf mit Leidenschaft macht, allen Widerständen der ersten Jahre zum Trotz. Dabei ist er immer neugierig geblieben, immer wieder suchte er nach Herausforderungen. Neben dem Tiroler Bier stellt Baumgartner auch einen viel gelobten Tiroler-Single-Malt, einen Bierbrand-Schnaps, für den er beim Preis „Destillate“ einige Auszeichnungen gewann, einen Likör und seit Kurzem auch einen Bieressig her, der vor allem hervorragend zu Graukäse passt.

Harald Baumgartner bringt mir noch ein Bier, und in einem stillen Moment spricht er davon, was es heißt, eine kleine Brauerei zu führen, die anders als die Konkurrenz vor allem auf Qualität setzt. „Unser Bier ist auf alte Art gebraut“, erzählt er, „ohne Chemikalien, ohne Pasteurisation, ohne Filtration, ohne Stabilisation.“ Wie Harald Baumgartner das berichtet, ist fast schon unheimlich. Man zweifelt, ob es so eine Ursprünglichkeit überhaupt noch geben kann.

Da kommen weitere Besucher, die mein Gastgeber alle beim Namen kennt. Auch mir nicken sie zu.

Tipps

aut. architektur und tirol
im Adambräu, Lois-Welzenbacher-Platz 1, 6020 Innsbruck
Tel.: +43 512 571567
Öffnungszeiten: Di–Fr 11–18 Uhr, Do 11–21 Uhr, Sa 11–17 Uhr
www.aut.cc

Glockengießerei Grassmayr
Leopoldstraße 53, 6020 Innsbruck, Tel.: +43 512 59416
Öffnungszeiten: Mo–Fr 9–17 Uhr
(von Mai bis Oktober auch samstags geöffnet)
www.grassmayr.at

Orte zum Verweilen

Tirol Panorama mit Kaiserjägermuseum
Bergisel 1–2, 6020 Innsbruck, Tel.: +43 512 59489–611
Öffnungszeiten: Mi–Mo 9–17 Uhr
www.tiroler-landesmuseen.at

Kulturgasthaus Bierstindl
Klostergasse 6, 6020 Innsbruck, Tel.: +43 512 580000
Öffnungszeiten: Mai–Sept.: Mo–So 10–24 Uhr;
Okt.–Apr.: Mo und Mi–So 10–24 Uhr
www.bierstindl.eu

Privatbrauerei Tiroler Bier Harald Baumgartner
Feldstraße 11a, 6020 Innsbruck, Tel.: +43 664 234 6839
Rampenverkauf: Mo, Mi, Fr 14–18 Uhr
Führungen nach Vereinbarung
www.tirolerbier.at

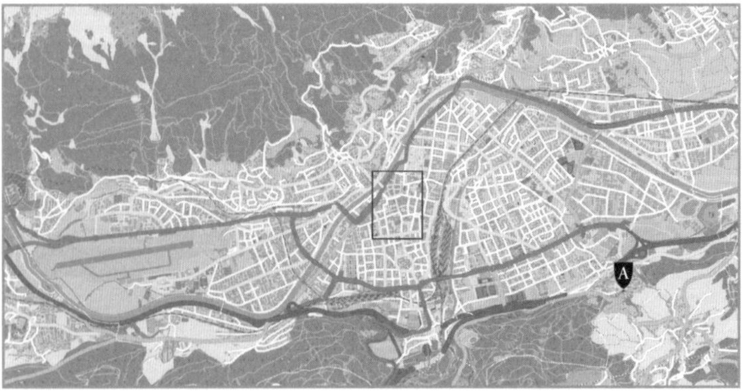

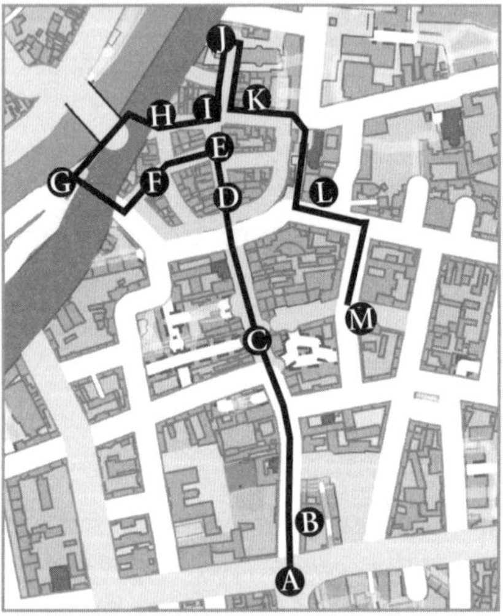

A Schloss Ambras

Altstadt (Winterspaziergang)

A Triumphpforte
B Tirol Shop
C Annasäule
D Kiachl-Stand
E Katzung
F Strobl
G Marktplatzkarussell
H Ottoburg
I Goldenes Dachl
J Domplatz
K Speckeria
L Burger Ludwig
M Café Central

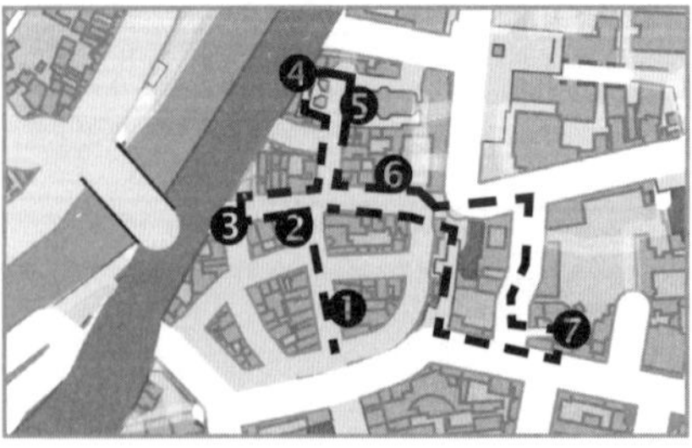

Altstadt (Sommerspaziergang)

1 *Hotel Weißes Kreuz (Tafel Mozart)*
2 *Helblinghaus (Eisdiele Amorino)*
3 *Gasthaus Goldener Adler*
4 *Da Vincenzo*
5 *Dom St. Jakob*
6 *Innenhof Hofburg*
7 *Treibhaus*

Innsbruck und die Geschichte

Schloss Ambras und der Schlosspark

Ein besonderes Juwel der Renaissance-Baukunst ist das nahe dem Stadtteil Amras gelegene Schloss Ambras (man beachte die verschiedenen Schreibweisen!). Schon für das 10. Jahrhundert lässt sich an diesem Ort eine Burg nachweisen; aber erst im 15. und 16. Jahrhundert unter den Habsburgern Herzog Siegmund dem Münzreichen und Erzherzog Ferdinand II. wurde aus Schloss Ambras der Prunkbau, wie er heute zu besichtigen ist. Das Schloss Ambras mit seinem Spanischen Saal und dem Innenhof mit faszinierender Freskenmalerei gehört als einziges Museum außerhalb Wiens zu den Bundesmuseen.

Ebenso beeindruckend wie das Schloss selbst ist der weitläufige Schlosspark, in dem man scheinbar endlos spazieren gehen kann. Ich empfehle, den Schlosspark nicht über den Haupteingang beim Schloss zu erkunden (auch wenn bis dorthin von der Innenstadt aus ein eigener Touristenbus, der *Sightseer*, geführt wird und diese Variante wahrscheinlich für jene, die nicht mehr so gut zu Fuß sind, zu bevorzugen ist). Wenn es Kraft und Laune erlauben, sollte man mit der Buslinie C bis zur Endhaltestelle Luigenstraße fahren und den Schlosspark von unten betreten, vorbei an einem Gebäude, über dessen ursprüngliche Funktion ich oft rätsle – vielleicht war es ein

Torwächterhaus –, und an dessen Fassade die heutige Jugend ihre zweideutigen Graffitis hinterlassen hat.

Wendet man sich nach einigen steilen Kurven bergauf nach rechts und folgt dem Weg nach Westen, so erahnt man, warum vor allem die Innsbrucker Hundebesitzer den Schlosspark so schätzen. Man geht neben Wiesen und sehr alten Bäumen entlang, alles das ganze Jahr über penibel gepflegt von Forstarbeitern, und hier, im hinteren und unteren Teil des Parks, wird es geduldet, dass Hundebesitzer ihre Tiere von der Leine lassen, hier herunter verirren sich kaum Touristen. Mein Hund, der doch schon sehr in die Jahre gekommen ist, wird im Schlosspark Ambras jedes Mal zum begeistert schnüffelnden, ungestüm rennenden, sich unbändig freuenden jungen Hund. Besonders schön ist dieser Teil des Parks im Frühjahr, wenn Buschwindröschen, Himmelschlüssel, später Margeriten und Glockenblumen blühen und alles grün und frisch ist, insbesondere der Birkenhain, an dem man bei dieser Route vorbeikommt. Der ganze Park ist nach wie vor von der alten Mauer umfriedet, und seit die direkt daneben geführte Inntalautobahn unter einer Einhausung verschwunden ist, stören auch die Motorengeräusche des durchgehend pulsierenden Transitverkehrs nicht mehr. Vom idyllischen Birkenhain hat man auch einen hervorragenden Blick auf das Einkaufszentrum DEZ (das steht tatsächlich für „das Einkaufs-Zentrum“) und den danebenliegenden, markant blau und gelb leuchtenden IKEA. Es empfiehlt sich besonders an Samstagen, im Schlosspark spazieren zu gehen. Warum das so ist, verrät der Blick Richtung Einkaufszentrum. An Samstagen sind nicht nur die Parkplätze, sondern selbst die umliegenden Wiesen mit dicht gedrängten Autos vollgeparkt – Freizeit in Konsumtempeln … Entschließt man sich aber, „in die Gegenrichtung“ zu gehen, kann man den Schlosspark für seinen Spaziergang ganz für sich haben. Die Gewohnheit, in die Gegenrichtung zu gehen, habe ich mir vom

Der Hungerturm wie aus einem Roman von Thomas Bernhard

österreichischen Schriftsteller Thomas Bernhard abgeschaut. Folgt man aber dem Weg nach den Birken (oder irgendeinem anderen Weg) aufwärts, gelangt man nach wenigen Minuten zum Schloss. Links erhebt sich das Schloss mit dem Spanischen Saal, rechts die Wirtschaftsgebäude und die Rüstkammer. Vom Hauptplatz vor dem dortigen Café, an dessen Tischen man im Sommer herrlich seine Zeit verbummeln kann, führt ein Kiesweg hinab und man sieht auf der rechten Seite ein kleines Türmchen, das unweigerlich an ein Verlies erinnert. So oft ich an diesem Türmchen vorbeigehe, muss ich an die Erzählung *Amras* (man beachte die Schreibweise …) von Thomas Bernhard denken.

Bernhard erzählt darin in erster Linie von einem Scheitern. Ein Brüderpaar versucht gemeinsam Selbstmord zu begehen, wird aber kurz vor dem Tod gerettet und in einen Turm in Amras gebracht. Die Gründe für den Selbstmord liegen in einer sogenannten „Tiroler Epilepsie", an der ein Bruder und die Mutter leiden, andererseits an den Schulden des Vaters, die aus der Epilepsie entstanden sind. Die Erzählung spielt hauptsächlich in diesem Turm und kreist um Schuld und Einsamkeit der beiden Brüder und findet, man kann es erahnen, kein gutes Ende.

Im historisch rekonstruierten Kräutergarten ist moderner Mundraub wohl gewollt.

Gleich neben dem Türmchen befindet sich der Eingang zu einer Höhle, Männerrunden trafen sich hier anscheinend zu ihren Saufgelagen. Es sind wohl diese kleinen Details im großen Ganzen an geschichtsträchtigen Orten, die die Fantasie reizen, die einladen, sich in die Geschichte zurückzuversetzen. Gegenüber der Höhle liegt der nach Originalplänen wieder angelegte Kräutergarten. Hier kann man sich im Sommer auf Steinbänken sitzend dem betörenden Duft verschiedenster Kräuter wie Lavendel, Salbei und Rosmarin hingeben und sich wochenlang am Anblick der prächtigsten Pfingstrosen erfreuen. Eine von diesen Blumen mit nach Hause zu nehmen, muss man sich versagen, ein rasch gepflücktes Rosmarinzweiglein fällt dagegen weniger auf.

Folgt man nun dem Weg am Kräutergarten vorbei fort vom Schloss, betritt man den wild-romantischen Teil des Parks, quert zuerst eine Holzbrücke, die sich hoch über einem künstlich angelegten Wasserfall erhebt, und kommt nach einem kurzen Stück bergauf zu einem Waldspielplatz. Der Schlossmauer folgend gelangt man zu zahlreichen Plätzen mit schönen Ausblicken. Von einer weiteren Brücke aus hat man etwa einen schönen Blick zurück auf das Schloss; es wird kolportiert, dass die Schlossherren alle Bäume, die diesem freien Blick im Weg waren, entfernen ließen.

Das Hauptschloss und der lang gezogene Spanische Saal

Das Schloss selbst kann natürlich auch besichtigt werden. Sehenswert sind die Rüstkammern mit zahllosen Rüstungen und Waffen wie Lanzen und Schwertern; als Kuriosita seien hier zwei Rüstungen erwähnt, eine für einen Riesen, eine für einen Zwerg. Das führt nahtlos über zur Kunst- und Wunderkammer, die auf die Sammelleidenschaft von Erzherzog Ferdinand III. zurückgeht. Ferdinand sammelte alles, von mittelalterlichen Skulpturen über exotische Gegenstände aus fernen Ländern, von Musikinstrumenten bis zu Kleidungsstücken, von wissenschaftlichem Gerät bis zu Gemälden. Man findet hier einen ausgestopften Hai, einige Memento-mori-Stücke wie ein tanzendes Tödlein, bunte Korallen sowie das Gemälde eines Wolfsmenschen, der über und über, auch im Gesicht, dicht behaart war.

Im Hauptschloss kann man, auf mehrere Stockwerke verteilt, zweihundert Gemälde der Ahnengalerie der Habsburger bewundern und bei den meisten der Porträtierten die typische Habsburger Unterlippe entdecken. Darüber hinaus ermöglicht die Gemäldegalerie einen Gang durch die Kunstgeschichte, im Dienste der Habsburger standen schließlich Künstler wie Lucas Cranach der Ältere, Giuseppe Arcimboldo, Jakob Seisenegger, Hans von Aachen, Peter Paul Rubens, Anthonis van Dyck, Diego Velázquez – Geduld und Zeit ist allerdings erforderlich bei dieser Menge an Porträts!

Der wunderschöne Spanische Saal ist ein frei stehender Prunksaal im Stil der Renaissance mit kostbaren Holztüren und einer intarsierten Holzkassettendecke, in dem im Sommer Konzerte der Festwochen der Alten Musik aufgeführt werden. Die Festwochen der Alten Musik sind ein guter Anlass für einen Besuch des Schlosses und seiner Parkanlagen, spielen doch Jahr für Jahr die international renommiertesten Ensembles auf dem Gebiet der Alten Musik. Der Schwerpunkt geht, so sagt man, auf die Tatsache zurück, dass Innsbruck versuchte, sich neben Salzburg und Bregenz musikalisch international zu profilieren, und dabei die Nische Alte Musik fand. Spötter behaupten, die populäreren Nischen der Hochkultur wären schon besetzt und die bekannten Orchester in den Sommermonaten bei berühmteren Festspielen bereits fest engagiert gewesen. Jedenfalls wird in Innsbruck seit 1976 mit anhaltendem Erfolg jeden Sommer die Renaissance- und Barockmusik hochgehalten, die Karten sind begehrt, die Konzerte ein Erlebnis.

Mitte August wird jedes Jahr in Schloss und Park ein Fest veranstaltet. Einen ganzen Tag lang werden die Besucher in die längst versunkene Welt der Ritter entführt – Gaukler, Burgfräulein in historischen Gewändern und zahlreiche Stände und Buden, Spielmöglichkeiten wie Kegeln und Sackhüpfen, Schminken und Trommelperformances machen das Schlossfest zu einem Familientrubel, zu dem man gute Nerven mitnehmen sollte. Die Erwartung, historische Authentizität vorzufinden, lässt man dafür besser zu Hause.

Akkurat gepflegte Gebüsche samt stilvollem Kiesweg

Tipps

Innsbrucker Festwochen der Alten Musik
Herzog-Friedrich-Straße 21, 1. Stock, 6020 Innsbruck
Tel.: +43 512 571032,
Bürozeiten: Mo–Fr 9–12:30 Uhr und 14–17 Uhr
www.altemusik.at

Schloss Ambras
Schlossstraße 20, 6020 Innsbruck,
Tel.: +43 1 525 244802
Öffnungszeiten: täglich 10–17 Uhr
(Die Porträtgalerie ist nur von April bis Oktober zugänglich.)
www.schlossambras-innsbruck.at

Literatur

Thomas Bernhard: Amras, Suhrkamp 2006

Zwei Spaziergänge durch die historische Altstadt

Die größte touristische Attraktion ist sicherlich die historische Altstadt, beginnend bei der Triumphpforte, am Alten Landhaus vorbei in die Maria-Theresien-Straße mit der Annasäule bis in die Altstadt mit ihren verwinkelten Gässchen und jahrhundertealten Fassaden bis zum Goldenen Dachl, das zum Wahrzeichen der Stadt geworden ist.

Das Goldene Dachl ist streng genommen ein Prunkerker – Kaiser Maximilian I. ließ ihn Ende des 15. Jahrhunderts errichten; das Haus selbst wurde um 1420 erbaut. Der Erker ist mit 2657 feuervergoldeten Kupferschindeln gedeckt und mit Fresken und Reliefs geschmückt, die unter anderem Maximilians zwei Ehefrauen Maria von Burgund und Bianca Maria Sforza zeigen. Maximilian residierte hauptsächlich in Augsburg und eben in Innsbruck, von seinem Erbe zehrt die Stadt bis heute.

Ich bin mir nicht sicher, zu welcher Jahreszeit sich das Herz von Innsbruck am besten kennenlernen lässt, also entscheide ich mich für zwei mögliche Spaziergänge durch die Innsbrucker Altstadt, einmal im Winter, einmal im Sommer.

Die Triumphpforte markiert die frühere Grenze der Innenstadt.

Winter

Winter und Innsbruck, das passt zusammen. Mein Spaziergang beginnt bei der Triumphpforte. Diesen beeindruckenden Bau ließ Kaiserin Maria Theresia – derer jedes Schulkind wegen der Einführung der allgemeinen Schulpflicht mit gemischten Gefühlen gedenkt – 1765 anlässlich der Hochzeit ihres Sohnes Leopold errichten; im selben Jahr starb ihr Mann Franz Stephan, woraufhin in die Südseite des Bogens Trauermotive eingefügt wurden. Man würde sich gerne länger hier aufhalten und die Triumphpforte von allen Seiten betrachten, aber die viel befahrene Straße macht das Verweilen unangenehm, ja sogar Busse fahren unter der Pforte hindurch. Die Triumphpforte selbst war als Abschluss der Maria-Theresien-Straße ursprünglich die Grenze der inneren Stadt, der heute nahtlos angrenzende Stadtteil Wilten lag damals außerhalb der Stadt.

Ich spaziere die Maria-Theresien-Straße entlang und komme nach ein paar Metern bereits zum Tirol Shop, dem Herzstück der Außenwerbung sozusagen. Hier kann sich jeder Innsbruckbesucher von Kopf bis Fuß mit Tirol ausstatten: Hosen, Jacken, Taschen, T-Shirts, die äußerst beliebten Mützen – es ist erstaunlich, in welchem Ausmaß Menschen bereit sind, Geld zu bezahlen für das Privileg, für Tirol Werbung machen zu dürfen.

Falls ich eben noch überlegt habe, mir vielleicht doch endlich eine patriotische Mütze zu kaufen, gehe ich nach kurzem Kopfschütteln entschlossen weiter und krame meine eigene Mütze aus der Tasche. Vielleicht ist heute der 15. November. Vielleicht ist es schon recht kalt, vielleicht aber auch nicht, weil es gerade föhnig ist, ziemlich sicher jedenfalls liegt kein Schnee. Wie das Wetter auch ist, egal wie unweihnachtlich einem zumute ist, zu diesem Datum eröffnet der erste Teil des Innsbrucker Christkindlmarkts, wie der Weihnachtsmarkt in Innsbruck genannt wird. Man muss schon ausdauernd sein, um die nächsten sechs Wochen die Vorfreude auf Weihnachten aufrechtzuerhalten.

Ich spaziere weiter, über mir die üppige Weihnachtsbeleuchtung, die erst zur Geltung kommt, wenn es dunkel geworden ist. Ab der Annasäule – die als Ausdruck der Dankbarkeit für die Vertreibung der letzten bayerischen Truppen, die im Zuge des Spanischen Erbfolgekriegs 1703 in Tirol eingefallen waren, errichtet und 1706 fertiggestellt wurde – beginnt der Markt. Es ist, als würden sich die Stände vermehren und jedes Jahr ihre im Vorjahr gezeugten Standkinderchen mitbringen.

Es ist früher Nachmittag und schneelos, aber kalt, und die ersten Menschentrauben sammeln sich um die Glühweinstände, hier herrscht Stimmung. Die anderen Verkäufer hinter ihren Socken, Strohsternen, Christbaumkugeln, Kerzen, Spielzeugen trippeln von einem Fuß auf den anderen, um die Kälte zu vertreiben. Aber es ist desto mehr los, je später der Tag, je später das Jahr wird. Ab Dezember kommen die Touristen, die vom Budenzauber des Markts inmitten der Berge angezogen werden. Vielleicht liegt jetzt endlich Schnee, zumindest auf den Hausbergen rund um Innsbruck. Kalt ist es immer noch, weshalb die Glühweinstände nicht zur Ruhe kommen. Es gibt Glühwein (der überall auch als Vin brulé angepriesen wird), Punsch, alles auch in Kindervariante, warmen Honigwein, heiße Schokolade, Jagertee – der gastronomischen

Fantasie sind in dieser Hinsicht keine Grenzen gesetzt. Der Fuselduft, der einem bereits am Nachmittag in die Nase steigt, ist gewöhnungsbedürftig, aber es ist nun einmal Tradition. Ich empfehle jedenfalls, beim Konsum Vorsicht walten zu lassen – Achtung: Kopfschmerzen! – oder seinen Glühwein zu Hause selbst zuzubereiten.

Zum Nachkochen

GLÜHWEIN

Zutaten
2 l fruchtiger Rotwein
1 Bio-Zitrone
1 Bio-Orange
Gewürznelken
Zimtstangen
Kardamom
Vanilleschote
einige Löffel Rohrzucker
(Mengen nach Geschmack)

Zubereitung
Guten, eher fruchtigen Rotwein erhitzen (nicht kochen lassen), Zitrone und Orange in Scheiben schneiden und dazugeben, Gewürznelken, Zimtstangen, Kardamom, Vanille, einige Löffel Rohrzucker hinzufügen, eine halbe Stunde ziehen lassen, abseihen – genießen!

Witzbolde entwendeten kürzlich den Bischofsstab einer Figur, ehe ihnen die Beute schlicht zu schwer und an eine Hauswand gelehnt wurde.

Jetzt dämmert es vielleicht schon ein wenig, die Beleuchtung über den Köpfen wird eingeschaltet und man hört gut gelaunte Menschen lachen und den Feierabend genießen, Glühwein in der Hand. Vielleicht kommt diese oder jene Gruppe aus Bayern, auch München hat eine Weihnachtsmarkttradition, von Nürnberg ganz zu schweigen. Manche Märkte haben alljährlich neue Motive auf den Glühweintassen, die von erfahrenen Marktveteranen gesammelt werden. Diese Sammler schauen sich dann vermutlich auch die anderen Märkte an, wobei ich bezweifle, dass sich die Stände vom Angebot her stark unterscheiden. Es macht wohl die Kulisse den Unterschied. Die schon erwähnte Annasäule ist auch Marktkulisse – und ist es nicht eine Ironie der Geschichte, dass bayerische Touristen Glühwein trinken zu Füßen eines Denkmals, das ihre Vertreibung vor dreihundert Jahren feiert? Damals war man froh, dass die Bayern abzogen, heute lässt man sie nicht so leicht gehen, die Margit aus Rosenheim oder das Ehepaar Wulpertinger aus München, die jedes Jahr auf den Markt nach Innsbruck kommen; zumindest müssen sie noch etwas kaufen, trinken und essen. Eine besondere Tiroler Spezialität sind die sogenannten Kiachl. Es dunkelt jetzt, ich betrete die eigentliche Altstadt und sehe in naher Entfernung den größten Stand zwischen den vielen Buden, in dem traditionellerweise Kiachl zu kaufen sind. Kiachl werden aus Germteig gemacht, der zu runden Scheiben mit verdicktem Rand und einer Vertiefung in der Mitte ausgezogen und dann im Fett schwimmend goldgelb herausgebacken wird. Wahlweise isst man Kiachl mit Sauerkraut oder süß mit Preiselbeermarmelade. Man sollte Hunger und ein wenig Geschick mitbringen, um die über den Rand der Pappteller ragenden Kiachl im Stehen mit klammen Fingern ohne größeres Malheur zu verspeisen. Zu empfehlen ist ein Versuch auf jeden Fall …

KIACHL

Zutaten
500 g Mehl
1 Prise Salz
½ Würfel Hefe (Germ)
¼ l lauwarme Milch
2 Eier
200 g Butter
2 cl Rum
Anis
Butterschmalz zum Ausbacken

Zubereitung
Mehl mit Salz und Hefe vermischen, lauwarme Milch, Eier, zerlassene Butter, Rum und Anis dazugeben, zu einem mittelfesten Teig abschlagen, gehen lassen.

Mit dem Kochlöffel Teigstücke abstechen, auf einem Brett zu Kugeln ausformen, zugedeckt gehen lassen, jedes Kiachl so auseinanderziehen, dass der Teig in der Mitte sehr dünn ist, am Rand soll er dick bleiben.

Mit der oberen Seite nach unten in heißes Fett einlegen, mit Fett bespritzen, umdrehen und fertig backen. Mit Sauerkraut oder Preiselbeeren servieren.

Martialisches Ritterturnier als Detail am Katzung-Haus

Gleich nach dem Kiachl-Stand biege ich links in die Seilergasse ab, vorbei am schönen Café Katzung, in dem man die kalten Winternachmittage ideal bei Kaffee, Kuchen und Zeitungslektüre verbringen kann, weiter bis zur Seilergasse 11 zu „Holzschnitzereien Strobl", wo es geschnitzte Krippenfiguren, Engel, Heilige, aber auch Profaneres wie Holzschilder mit zum Teil derben Aufschriften gibt. Im Advent interessieren mich die Krippenfiguren am meisten. Natürlich sieht man aus vielen Marktständen Weihnachtskrippen herausleuchten, hier sind aber den Wünschen bezüglich Größe, Form, Motiv, Machart und Preis fast keine Grenzen gesetzt.

Ich gehe in Richtung Marktplatz weiter. Jetzt, im Dezember, ist auch hier ein Weihnachtsmarkt, dieser ist allerdings mehr auf Familien spezialisiert. Spielzeugstände, Entenfischen, Kasperltheater, Zuckerwatte, Ponyreiten – und als besondere Attraktion ein großes, nostalgisch altes, schon ein wenig schäbiges Karussell. Es ist jedes Jahr dasselbe Karussell, jedes Jahr drehen sich Pferde, Schlitten, Boote, ein Elefant. Zwei Männer arbeiten hier: Einer verkauft die Jetons, einer geht ums Karussell herum und sammelt sie bei den Kindern wieder ein. Es gibt Tage mit wenig Betrieb, an denen der Mann in der Jeton-Bude seinem Kollegen, der eben Essen holen gegangen ist, per Mikrofon

und Lautsprecher quer über den Markt seine Bestellung mitteilt: „Frankfurter mit Senf!" Das ist wohl Schaustellerhumor …

Es wird jetzt wirklich kalt und ich trinke nun doch einen Glühwein, während ich den karussellfahrenden Kindern zuschaue. Die umstehenden Eltern haben vom Winken und Fotografieren schon lahme Arme. Ich sonst auch, meine Kinder sitzen am liebsten im hin und her schwankenden Boot und jauchzen, bei jeder Runde kommen sie bei mir vorbei, winken und rufen: „Papa! Hallo!" Ich winke und rufe zurück: „Hallo! Hinsetzen!"

Krippen und mehr: die Holzschnitzerei Strobl

Das historische Karussell ist schön wie eine Kindheitserinnerung.

Ich trinke den süßen Satz des Weins aus, verzichte auf die Sammeltasse und hole mir den Einsatz zurück. Ich folge den Menschenmassen und betrete bei der Ottoburg wieder die Altstadt. Direkt bei diesem markanten Gebäude, das angeblich die Andechser Grafen im 12. Jahrhundert als Wehrturm erbaut haben, das aber tatsächlich 1476 das erste Mal urkundlich erwähnt wird und in dem heute ein Restaurant untergebracht ist, sieht man ein Denkmal mit zwei lauernden Tirolern, die zu erspähen suchen, wo der Feind bleibt. Der Feind, das sind wieder die Bayern und die Franzosen, natürlich geht es wieder um 1809. Ich folge den Lichtern und sehe in der Ferne den haushohen, voll beleuchteten Christbaum direkt vor dem Goldenen Dachl.

Im Näherkommen höre ich Blasmusik, eine kleine Combo spielt eine liebliche Weise, ein Weihnachtslied. Die Musiker stehen im Prunkerker, wo sich in früheren Zeiten die Herrscher huldigen ließen. Oder ihre Macht ausübten. Vor dem Goldenen Dachl wurde zum Beispiel 1536 Jakob Hutter, der Führer des Tiroler Täufertums, öffentlich auf einem Scheiterhaufen verbrannt. Das ist viel Weihnachtsstimmung, denke ich angesichts der Musik und der turmhohen Tanne, die in hellem Licht erstrahlt.

Die zwei Wächter am Eingang zur Altstadt bei der Ottoburg

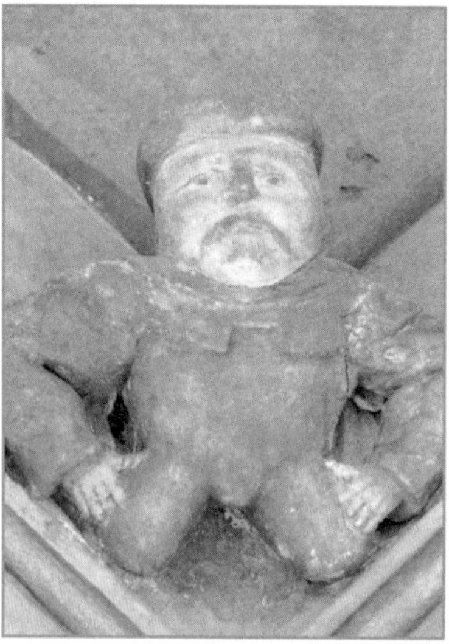

Eines der vielen versteckten, skurrilen Figürchen unter dem Bogengang des Goldenen Dachls

Vielleicht zu viel. Ich denke an die kleinen figurativen Stuckaturen, die direkt unterhalb des Goldenen Dachls im Bogengang der Lauben angebracht sind und die kaum jemand beachtet. Die kleinen skurrilen Figürchen zeugen vom seltsamen Humor früherer Zeiten, etwa jener kleine Schelm, der dem Betrachter seinen blanken Hintern zeigt. Das bricht die allgemeine Besinnlichkeit auf höchst angenehme Weise.

Es ist jetzt vielleicht doch schon später Dezember und die Menschenmassen wälzen sich durch die Altstadt und den Markt. Es ist immer noch kalt und schneelos. Ich beeile mich, beim Gasthaus Goldenes Dachl abzubiegen und Richtung Domplatz zu gehen. Die Domkirche ist das eigentliche Zentrum der Altstadt, und im Dom verbirgt sich ein kunstgeschichtlicher Schatz. In die Altarwand eingelassen sieht der aufmerksame Besucher ein Bild, das Innsbruck weit über die Tiroler Grenzen hinaus bekannt macht. Dort hängt das *Gnadenbild Mariahilf* von Lucas Cranach dem Älteren, unscheinbar und fast zu übersehen. Tatsächlich machte dieses Bild Innsbruck in früheren Zeiten aber zum Wallfahrtsort für Marienpilger. Ausdruck dessen ist die Imitation dieses Gemäldes an zahllosen Häuserfassaden in Innsbruck. Der aufmerksame Innsbruckbesucher kann sich ein Spiel daraus machen, diese zu entdecken …

Imitat des berühmten Marien-bildnisses des Lucas Cranach

Noch einmal muss ich mich durch die Massen rund um das Goldene Dachl kämpfen, gehe schnellen Schrittes in der Hofgasse an den unsäglichen Touristennepp-Geschäften vorbei, in denen man folkloristischen Plunder kaufen kann. Alberne Tiroler-Hüte, Fellmützen mit Bibergesichtern, Trachtenjacken in allen Größen, Tassen mit dem Tiroler-Adler und so weiter. Hier ist der Touristenkitsch zu Hause, das gibt es in jeder Touristenstadt. In der gleichen Gasse gibt es aber auch ein Geschäft, das es so nur in Innsbruck geben kann: die Speckeria.

Wie der Name schon sagt, wird hier der berühmte Tiroler Speck verkauft, der ungefähr das Pendant zu den Salzburger Mozartkugeln darstellt. Speck ist quasi ein Synonym für Tirol, man denke nur an die Speckknödel. Aber ebenso wenig, wie in Speckknödeln heutzutage noch echter Speck enthalten ist, sosehr sollte man den Tiroler Speck an sich hinterfragen. Denkt man an die unglaublichen Mengen, die etwa von der Firma Handl Tyrol hergestellt und in die Welt exportiert werden, die auch noch mit dem Label Original Tiroler Speck (natürlich ist das wieder eine geschützte geografische Angabe) beworben werden, so stellt sich die Frage, wo in Tirol diese ganzen Schweine leben sollen, die da zu Speck verarbeitet

Das Haus, in dem die Speckeria untergebracht ist, gehört ungeachtet dessen mit seinen historischen Fenstern und Erkern zu den schönsten der Innsbrucker Altstadt.

werden. Tatsächlich ist die Voraussetzung für das g.g.A.-Siegel nur, dass ein Verarbeitungsschritt in der Region erfolgen muss – ist Speck aus dänischen Schweinen noch original tirolerisch?

Jetzt schaue ich aber, dass ich die Altstadt rasch verlassen kann, gehe durch das alte Stadttor und biege Richtung Museumstraße ab. Wer nun Hunger bekommen hat, kehrt am besten im schicken Burgerlokal Ludwig ein, das architektonisch schlichten, pragmatischen Charme versprüht. Die neuerdings auch in anderen Städten unumgänglichen Anti-Fast-Food-Qualitätsburger sind mit dem Ludwig auch in Innsbruck heimisch geworden, wobei man hier wohl sicher sein kann, tatsächlich Rind auf dem Teller zu haben. Zu empfehlen ist das Ludwig, da hier auf Qualität geachtet wird. Die Burgerbestandteile sind von ausgewählten Lieferanten oder überhaupt hausgemacht wie die *Handmade fries*, die Fleischlaibchen heißen trendy *Patty* und sind aus Bio-Fleisch. Kurz, das Ludwig verbreitet Hauptstadtflair, ein wenig Berlin, ein wenig Wien, ein bisschen München. Ein wenig schick, ein wenig bobo, aber provinziell angenehm.

Mir steht der Sinn aber nach mehr Tradition und ich entschließe mich, nach ein paar Metern von der Museumstraße in die Erlerstraße abzubiegen. Am Ende meines Blickfelds sehe ich die Fassade einer wahren Institution aufblitzen: das Café

Da biegen sich die Regale unter der wohligen Last der Bücher: die Buchhandlung Wiederin.

Central. Ohne dieses Café besucht zu haben, war man nicht in Innsbruck. Am Weg dorthin komme ich an der Buchhandlung Wiederin vorbei, Innsbrucks literarischster Buchhandlung. Oft muss ich hier kurz hinein, weil ein Buch im Schaufenster doch zu verlockend ist …

In Sichtweite des Café Central, auf dem Sparkassenplatz, ist im Winter ein kleiner Eislaufplatz angelegt. Unkompliziert und um wenig Geld lassen sich hier einheitlich blaue Eislaufschuhe ausleihen – man braucht keine Angst zu haben, sich zu blamieren; die meisten der blau beschuhten Eisläufer rutschen mehr schlecht als recht am Rand entlang.

Betritt man das Central durch seine Flügeltüren, begegnet einem reinste Altwiener Kaffeehauskultur: ein Piano, ausladende, hohe Räume, Stuck an den Wänden und Luster an den Decken. Ebenso original sind die scheinbar aus Wien importierten, grantigen, langsamen Kellner, die einen gerne ignorieren. Ordentlich livriert sparen sie an Worten, wo es geht. Das ist aber nicht böse gemeint, denn auch ohne viel Kommunikation haben die Herren (und vereinzelt auch Damen) alles im Blick. Sie wollen sagen: Lassen Sie sich Zeit. Nehmen Sie erst einmal Platz, holen Sie sich eine Zeitung (zur Wahl stehen 65 Zeitungen und Magazine). Kommen Sie an. Dafür dürfen Sie mit einer einzigen Tasse Kaffee auch beliebig lange sitzen bleiben, ohne dass man Sie zu weiteren Bestellungen nötigt oder loswerden möchte.

Im Café Central trifft sich Innsbruck seit 1884, beliebt ist es seit Generationen vor allem bei Innsbrucks Künstlern, bei den Literaten, hier sieht man aber auch die Lokalprominenz und die dünn gesäte echte Prominenz; mitunter ist das Central auch Schauplatz eines Interviews.

Nicht nur der Kaffee ist im Central übrigens ein Genuss, auch die Speisekarte ist von Anfang bis Ende empfehlenswert. Die Küche ist hervorragend, das Fleisch stammt teils aus eigener Zucht, und ein besonderer Vorzug gilt dem Frühstück, das es den ganzen Tag über in verschiedensten Varianten gibt. Unbedingt probieren!

Ich setze mich in eine der Nischen, zünde mir keine Zigarette an (seit Aschermittwoch 2015 herrscht Rauchverbot), bestelle per Kopfnicken einen Verlängerten und hole die *Neue Zürcher Zeitung*. Ich weiß, meine Bestellung wird eine Weile dauern, aber das macht nichts. Ich habe Zeit. Draußen ist es kalt, schneelos, aber kalt. Ich schaue mich im Lokal um und grüße zwei, drei Leute. Im Café Central wird Innsbruck ein Dorf – man kennt sich. Jeder ist beschäftigt, ohne es eilig zu haben. Ich denke an den Schriftsteller Joseph Roth, an das alte Wien, an Kaffeehausliteraten. Da grüßt mich ein Bekannter, ich nicke, im nächsten Moment kommt der Kellner mit meiner Bestellung. „Ein Mal Verlängerter, der Herr“, sagt die knorrige Stimme. Ich suche in der Zeitung den Kulturteil, nehme einen Schluck Kaffee. Ich habe Zeit.

Das Café Central, eine Innsbrucker Institution

Sommer

Es herrschen hochsommerliche Temperaturen, als ich die Straßenbahn der Linie 1 an der Haltestelle Maria-Theresien-Straße verlasse und die paar Meter zum Eingang in die historische Altstadt zurückgehe. Es ist früher Vormittag, dennoch wuseln schon zahlreiche Touristengruppen in der Herzog-Friedrich-Straße herum; wobei wuseln wohl nicht der richtige Ausdruck ist: Sie schlängeln sich zwischen den vielen parkenden oder ganz langsam fahrenden Autos der Lieferanten der Innenstadtgeschäfte hindurch, die um Punkt elf wieder verschwunden sind. Im Vorbeigehen sehe ich ganze Menschentrauben, die sich im großen Ladenlokal von Swarovski drängen. Heutige Innsbruckbesucher suchen nach glitzernden Souvenirs – was wohl die Reisenden früherer Zeiten gesucht haben?

Wahrscheinlich eine Herberge für eine Nacht, bevor die meisten weiterreisten nach Italien, das Land, in dem die Pomeranzen wachsen, wie Joseph von Eichendorff in seinem Roman *Aus dem Leben eines Taugenichts* schreibt. An einigen Häuserwänden der Altstadt weisen Schilder auf berühmte Gäste hin, immerhin Goethe und Mozart haben in Innsbruck übernachtet, ein Wimpernschlag der Weltgeschichte.

Auch Heinrich Heine war auf dem Weg nach Italien in Innsbruck, und im Unterschied zu anderen Durchreisenden hat er sich ausführlich zu Innsbruck und Tirol geäußert:

„Die Tiroler sind schön, heiter, ehrlich, brav, und von unergründlicher Geistesbeschränktheit. Sie sind eine gesunde Menschenrasse, vielleicht weil sie zu dumm sind, um krank sein zu können. Auch eine edle Rasse möchte ich sie nennen, weil sie sich in ihren Nahrungsmitteln sehr wählig und in ihren Gewöhnungen sehr reinlich zeigen; nur fehlt ihnen ganz und gar das Gefühl von der Würde der Persönlichkeit. Der Tiroler hat eine Sorte von lächelndem humoristischen Servilismus, der fast eine ironische Färbung trägt, aber doch grundehrlich gemeint ist."

Eine gute Voraussetzung für ein Land, das sich dem Tourismus weihen will, möchte man glauben und das eine oder andere in der spöttischen Bemerkung Heines scheint doch ein Körnchen Wahrheit zu haben, denn er fährt fort:

„Die Frauenzimmer in Tirol begrüßen dich so zuvorkommend freundlich, die Männer drücken dir so derb die Hand, und gebärden sich dabei so putzig herzlich, daß du fast glauben solltest, sie behandelten dich wie einen nahen Verwandten, wenigstens wie ihresgleichen; aber weit gefehlt, sie verlieren dabei nie aus dem Gedächtnis, daß sie nur gemeine Leute sind, und daß du ein vornehmer Herr bist, der es gewiß gern sieht, wenn gemeine Leute ohne Blödigkeit sich zu ihm herauflassen. Und darin haben sie einen naturrichtigen Instinkt; die starrsten Aristokraten sind froh, wenn sie Gelegenheit finden zur Herablassung, denn dadurch eben fühlen sie, wie hoch sie gestellt sind. Zu Hause üben die Tiroler diesen Servilismus gratis, in der Fremde suchen sie auch noch dadurch zu lukrieren. Sie geben ihre Persönlichkeit preis, ihre Nationalität."

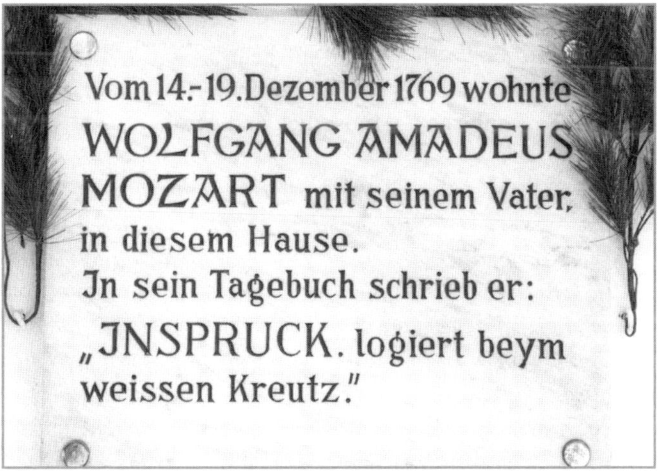

15 Minuten Ruhm für Innsbruck, Mozart war hier.

In diesen Charaktereigenschaften erkennt man nun endgültig die gewieften Touristiker aus der *Piefke-Saga*.

Ich biege gerade beim Goldenen Dachl links ab, vorbei am Helblinghaus – das zwar aus dem 15. Jahrhundert stammt, aber erst im 18. Jahrhundert mit den üppigen barocken Stuckaturen mit Blumenranken, Fruchtbündeln, Muscheln und Putten versehen wurde, was ihm den Beinamen „Zuckerbäckerhaus“ einbrachte und es zu einem der meistfotografierten Gebäude in Innsbruck machte. Etwa zwanzig Meter weiter sehe ich linker Hand den alten Gasthof Goldener Adler, wo – wie Heine schreibt – seinerzeit der Freiheitsheld Andreas Hofer gewohnt haben soll. Heine wusste von einem Freund, dass Karl Immermanns Drama *Das Trauerspiel in Tyrol*, in dem es um den Kampf der Tiroler gegen Napoleon und die französisch-bayerischen Truppen geht, ausgerechnet in Tirol verboten sei, was die Tiroler aber nicht davon abhielt, es umso eifriger zu lesen. Heine befragte nun den Wirt des Goldenen Adler, einen Herrn Niederkirchner, ob er etwas vom Sandwirt Hofer erzählen könne.

Da war der alte Mann überfließend von Redseligkeit, und vertraute mir mit klugen Augenzwinken, daß jetzt die Geschichte auch ganz gedruckt heraus sei, aber auch ganz geheim verboten; und als er mich nach einem dunkeln Stübchen geführt, wo er seine Reliquien aus dem Tiroler Krieg aufbewahrt, wickelte er ein schmutzig blaues Papier von einem schon zerlesenen grünen Büchlein, das ich zu meiner Verwunderung als Immermanns Trauerspiel in Tirol erkannte. Ich sagte ihm, nicht ohne errötenden Stolz, der Mann, der es geschrieben, sei mein Freund. Herr Niederkirchner wollte nun so viel als möglich von dem Manne wissen, und ich sagte ihm, es sei ein gedienter Mann, von fester Statur, sehr ehrlich und sehr geschickt in Schreibsachen, so daß er nur wenige seinesgleichen finde. Daß er aber ein Preuße sei, wollte Herr Niederkirchner durchaus nicht glauben, und rief mit mitleidigem Lächeln: „Warum nicht gar!“ Er ließ sich nicht ausreden, daß der Immermann ein Tiroler sei und den Tiroler Krieg mitgemacht habe – „wie könnte er sonst alles wissen?“

Heine merkt übrigens noch an, dass in der Stube des Herrn Niederkirchner „einträchtig nebeneinander die Bilder von Andreas Hofer, Napoleon Bonaparte und Ludwig von Bayern“ hängen, wohl ein Zeichen dafür, dass die Innsbrucker es immer schon verstanden haben, sich zu arrangieren.

Inzwischen ist es kurz vor Mittag, die Autos und Kleinbusse der Lieferanten sind verschwunden und die Altstadt füllt sich mit fotografierenden Reisegruppen. Ich kehre um, jetzt habe ich Lust auf eine Tüte Eis. Im Helblinghaus befindet sich die Eisdiele „Amorino“, und wenn man das Schlangestehen in Kauf nimmt, kann man sich hier das beste (und teuerste) Eis der Stadt gönnen.

Ich schlendere mit meinem Eis zum Domplatz, wo sich nie die Massen drängen, und setze mich auf eine der Bänke in die Sonne. Ein wenig versteckt am Domplatz befindet sich die kleine Bar Da Vincenzo, im Sommer kann man hier draußen sitzen und den Abend verbummeln. Ein Stück Italien in

In der illustren Gästeschar des Gasthaus Goldenen Adler besonders bemerkenswert (neben Sartre und Camus): Sultan Yogyakarta. Interessanterweise kommen seit 1999 keine Berühmtheiten mehr nach Tirol, dabei wäre noch Platz auf der Tafel …

Innsbruck, denke ich. Ich beschließe, dem Vincenzo ein wenig später einen Besuch abzustatten.

Aus dem nahen Dom ertönt Orgelmusik. Die Musik und Innsbruck gehören schon sehr lange zusammen; bereits Kaiser Maximilian I. lud bekannte Musiker nach Innsbruck ein. Unter diesen Musikern war etwa Heinrich Isaac, der das eingängige Lied *Innsbruck, ich muss dich lassen* im Auftrag Maximilians schrieb, das später viele Variationen erlebte und sogar in Johann Sebastian Bachs Matthäus- und Johannespassion einging. Maximilian

galt als gebildet und den Idealen des Humanismus und der Renaissance verpflichtet, er dichtete selbst und war ein Förderer von Kunst und Literatur. *Das Ambraser Heldenbuch* entstand auf seinen Auftrag hin, Albrecht Dürer (der den Kaiser 1519 porträtierte) ließ er eine jährliche Rente von 100 Gulden zukommen, auch Künstler wie Lucas Cranach der Ältere oder Jörg Breu der Ältere erhielten Aufträge. Unter Kaiser Maximilian wirkte in Innsbruck Organist Paul Hofhaimer, der auch einer eigenen Hofkapelle vorstand, mit der er im Auftrag des Kaisers durchs Reich reiste.

Innsbruck ist eine Stadt der vielen Kirchen und so auch der vielen Orgeln. Beim Bau der Domorgel (1998–2000) wurden immerhin das Gehäuse und Pfeifenmaterial der alten Orgel von Johann Caspar Humpel von 1725 verwendet; berühmter ist aber die Ebert-Orgel in der nahen Hofkirche, die mit ihrer Fertigstellung im Jahr 1561 als die größte nahezu unversehrte Renaissance-Orgel Österreichs gilt. Erbaut wurde sie vom Ravensburger Orgelbauer Jörg Ebert, um 1700 hat Johann Caspar Humpel das Instrument erweitert, was aber im 20. Jahrhundert wieder rückgängig gemacht wurde. Genug der Worte, jetzt möchte ich mir diese Orgel einmal anschauen. Ich verlasse also den Domplatz und schlendere Richtung Hofkirche. Die Schatten werden langsam länger. Als ich den Eingang zum Innenhof der Hofburg passiere, wo ein Ableger des berühmten Wiener Café Sacher untergebracht ist, sehe ich im Innenhof eine große Bühne und zahlreiche Stuhlreihen. Hier finden allsommerlich den ganzen Juli über täglich die vom Innsbrucker Journalisten, Schriftsteller und Kapellmeister Alois Schöpf initiierten Innsbrucker Promenadenkonzerte statt, die bei freiem Eintritt internationale Blasmusikkapellen auf höchstem Niveau präsentieren. Wer glaubt, hier ländlich-gemütliche Volksmusik zu hören, der irrt. Die Tradition der altösterreichischen Blasmusik bestand darin, klassische Werke etwa der Oper zu transkribieren, um

Der Innsbrucker Dom mit dem berühmten Marienbild von Lucas Cranach d. Ä.

Blick in den Innenhof der Hofburg

sie einer großen Bevölkerungsschicht zugänglich zu machen, die nicht die Möglichkeit hatte, in die Oper zu gehen. Mittlerweile gibt es natürlich eine reiche Auswahl an eigens für Blasmusikkapellen geschriebener Musikliteratur höchster Güte. Alois Schöpf hat es sich zur Aufgabe gemacht, Spitzen-Blasmusik zugänglich zu machen – und das tut er seit nunmehr zwanzig Jahren! Es ist beruhigend, dass es eine Musikkultur abseits des Klischees vom jodelnden Älpler in Tracht mit Schnapsglas gibt.

Dazu fällt mir eine Episode aus Mark Twains *Bummel durch Europa* ein: Der Erzähler und sein Begleiter wollen die Rigi-Kulm besteigen und sind ganz entzückt, als ein Sennerbub vorbeikommt und jodelt. Sie geben ihm einen Franken, damit er noch etwas weiterjodelt. Bald darauf treffen sie einen weiteren jodelnden Jungen, der einen halben Franken bekommt. Nach einigen Minuten treffen sie einen jodelnden Buben, der noch acht Cent bekommt, der Betrag reduziert sich dann über sechs und vier Cent auf einen Penny. Die Jodler Nummer sieben, acht und neun bekommen kein Geld, die folgenden werden mit einem Franken belohnt, wenn sie aufhören zu jodeln. „In den Alpen kriegt man etwas zu viel von diesem Gejodle."

Dieses Klischee ließe sich problemlos auf Tirol übertragen, beim heutigen Promenadenkonzert in der Hofburg kann

Ein versteckter Weg in der Nähe des Domplatzes

aber von Jodeln und Humptata-Musik keine Rede sein. Die Orgel in der Hofkirche muss ich mir ein anderes Mal anschauen, ich bleibe ein bisschen hier stehen und höre zu …

Ausklingen lassen kann man einen Sommerabend idealerweise im nahen Kulturgasthaus Treibhaus in der Angerzellgasse, keine fünf Minuten Gehweg von der Hofkirche entfernt und etwas versteckt gelegen. Das mittlerweile altgediente, ehemals alternative Treibhaus bietet nach wie vor fast täglich Veranstaltungen von Theater über Kabarett bis zu Konzerten. Mich zieht es in den Gastgarten und ich beschließe, heute im Treibhaus zu Abend zu essen. Zu empfehlen sind diverse Pizzen, aber auch Kebab, wahlweise als Sandwich oder Dürüm.

Bis das Essen kommt, trinke ich Bier und rauche. Ja, hier darf man rauchen, im Gastgarten sowieso, aber auch ganzjährig unter menschenwürdigen Bedingungen. Zu verdanken ist das einem Bau im Garten, der wie ein historistisches Gewächshaus aussieht, dem Fumoir, dem tatsächlich „schönsten begehbaren Aschenbecher der Welt“, dem letzten Refugium für alle Raucher.

Ich schaue den Schatten zu, die nach und nach die gegenüberliegenden Gebäude abdunkeln. Ich kann Heinrich Heine nicht ganz zustimmen, wenn er sich über das sommerliche Innsbruck beklagt:

Das Fumoir ist das sympathischste Gewächshaus Innsbrucks.

> *„Innsbruck selbst ist eine unwohnliche, blöde Stadt. Vielleicht mag sie im Winter etwas geistiger und behaglicher aussehen, wenn die hohen Berge, wovon sie eingeschlossen, mit Schnee bedeckt sind, und die Lawinen dröhnen und überall das Eis kracht und blitzt."*

Ob er Winter oder Sommer bevorzugt, mag jeder Besucher Innsbrucks selbst entscheiden, Heine hätte aber vielleicht das eine oder andere Mal wiederkommen sollen.

Es ist heute jedenfalls ein lauer Sommerabend und so kehre ich zum Domplatz zurück und bei der Bar Brixnerhaus Da Vincenzo ein. Die Benennung Brixnerhaus ist übrigens missverständlich, denn eigentlich heißt der links danebenliegende Gebäudekomplex Brixner- oder Stamserhaus, da seinerzeit die Ordensbrüder der Diözese Brixen, später jene von Stift Stams im Tiroler Oberland hier untergebracht waren, wie mir Vincenzo lachend erzählt, während er uns zwei kleine Bier auf den Tisch stellt. Eine aufgebrachte Fremdenführerin samt Touristengruppe habe ihn seinerzeit energisch darauf hingewiesen, dass seine Bar sich eben nicht im historischen Brixnerhaus befinde, er habe nur mit den Schultern gezuckt mit dem Hinweis, dass der Hausbesitzer diesen Namen eingeführt hätte.

Wir prosten uns zu und nehmen einen Schluck Bier, das es bei Vincenzo ebenso gibt wie eine beachtliche Auswahl an Gin, Whiskey und Rum. Er führe eben keine Weinbar, erklärt Vincenzo, auch wenn die Innsbrucker das nach Jahren noch meinen – sofern sie die Bar überhaupt kennen. Besonders die Einheimischen wundern sich, wenn sie sich hierher verirren, dass es die Bar bereits seit dreizehn Jahren gebe, und streiten das ab, das sei nicht möglich. Das Da Vincenzo ist somit über die Jahre immer noch ein Geheimtipp geblieben, und dennoch von einem bunten Publikum, vom Studenten bis zum Hofrat, jeden Tag gut besucht. Nur die Touristen finden meist nicht hierher, was ganz im Sinne von Vincenzo ist, wie er mir erklärt. Dass er nur abends ab sechs Uhr bis um eins geöffnet hat, mag da wohl seinen Teil dazu beitragen.

Warum führe er *eben keine* Weinbar, frage ich nach, und Vincenzo schmunzelt. Wenn die Innsbrucker Bar und Italiener hören, denken sie automatisch an eine Weinbar, was für viele automatisch eine Hemmschwelle bedeutet, Tirol ist nämlich ein klassisches Biertrinker-Land. Das Weintrinken hat in Nordtirol immer noch das Image einer gewissen Exklusivität, Wein sei teuer, so das Vorurteil. Dabei bekommt man bei Vinci, wie Vincenzo von seinen Stammgästen liebevoll genannt wird, Wein in allen Preisklassen: vom Hauswein (in einfachen Wassergläsern serviert) bis hin zu ausgewählten italienischen Weinen aus dem Trentino oder vom Gardasee, etwa einen Custoza oder den bekannten Vermentino aus Sardinien, der ob seiner geringen Säure so angenehm zu trinken ist. Vincenzo kredenzt aber auch eine größere Auswahl an österreichischen Weinen, besonders der Riesling und der Veltliner haben es ihm angetan. „Warum sollte ich keine österreichischen Weine anbieten", meint Vincenzo, „die sind von ausgezeichneter Qualität." So viel zum Etikett italienische Weinbar, italienischer Wein und Patriotismus. Es gibt nämlich auch ein paar italienische Gäste der Bar, die sich ereifern, warum es hier nicht ausschließlich italienische Weine gibt. Das umgekehrte Klischee sozusagen – ein Italiener hat eine Weinbar mit italienischen Weinen zu führen.

Vincenzo ist diese Art des Patriotismus – von beiden Seiten – einfach nur fremd, was vielleicht mit seiner persönlichen Biografie und insbesondere seiner Herkunft zu tun hat. Vincenzo wurde nämlich in Alghero auf Sardinien geboren, einer kleinen Stadt mit 45.000 Einwohnern direkt am Meer, die ursprünglich eine Kolonie Barcelonas war. Heute ist Alghero immer noch eine Enklave, in der die Einwohner Katalanisch sprechen, nicht Sardisch. Vielleicht kommt daher eine gewisse Offenheit und Neugier, vom Meer und vom Bewusstsein, eine Minderheit zu sein, die es gewohnt ist, weiter über den Tellerrand zu blicken; nicht nur nach Cagliari oder weiter nach Rom, sondern vielleicht nach Mallorca und weiter nach Spanien bis nach Barcelona.

Vincenzo jedenfalls war neugierig und nutzte seinen Pflichtdienst beim Heer – aus finanziellen Gründen –, um gleich Offizier zu werden und ein paar Jahre beim Militär zu bleiben; doch seine Neugier blieb. Er wollte etwas von der Welt sehen und noch eine Sprache außer Englisch lernen, wie er erzählt. Über eine Freundin kam er nach Innsbruck, denn auch hier konnte man Deutsch lernen, da musste man nicht unbedingt nach Deutschland gehen. Und ja, er ist geblieben, er „verliebte sich in die Stadt und die Menschen", wie er sagt, mittlerweile sind Tirol und Innsbruck seine Heimat geworden; verheiratet ist er mit einer Vorarlbergerin, gemeinsam ziehen sie ihre Kinder in Innsbruck groß, leben und arbeiten hier.

Die Bar, erklärt Vincenzo – wir sind mittlerweile zum Wein übergegangen –, war sein Traum und eine Gelegenheit. Nach ein paar Jahren im Gastgewerbe hörte er von den schönen Räumlichkeiten mit Kreuzgewölbe, in denen die Bar seither untergebracht ist, und zu seiner eigenen Überraschung erhielt Vincenzo vom Hausbesitzer den Zuschlag. Gegen die ganze Konkurrenz der etablierten Wirtsdynastien der

Vinci in seinem Reich, bekränzt von Tafeln und einem Kreuzgewölbe, das es so in Innsbruck nirgends gibt.

Innsbrucker Innenstadt – und warum? Weil dem Hausbesitzer Vincenzos Leidenschaft gefiel, weil Vincenzo seine Idee einer Bar mit Herz verfolgte. „Aus diesen Mauern bringt man mich nicht mehr raus, da gehe ich nicht freiwillig“, soll Vincenzo bei der ersten Besichtigung gesagt haben.

Man merkt dem Lokal an, wie sehr es von den Vorstellungen Vincenzos lebt, seinen Erfahrungen mit unterschiedlichen Gästen, von denen er die meisten persönlich kennt, wie er auf die verschiedenen Stimmungen seiner Gäste mit unterschiedlicher Musik oder dem Dimmen der Beleuchtung reagiert. Nur wenn der erste Satz so mancher Gäste die Frage nach einer Speisekarte ist, kann Vincenzo ärgerlich werden. „Schau dich um“, sagt er zu mir, „hier hängen hinter der Bar große, mit Kreide beschriebene Tafeln, und auf keiner sieht man eine Speise oder sonst etwas zu essen, und da fragen sie mich nach der Speisekarte?“ Vincenzo macht eine abfällige Handbewegung, als könne er das auch nach all den Jahren nicht verstehen. „Ich frage sie dann, ob sie etwas trinken möchten, das Essen komme vielleicht dann.“ Viele verlassen daraufhin die Bar gleich wieder, Vincenzo lässt sie gerne ziehen. Wenn man aber bleibt, lohnt es sich, nicht nur der ausgezeichneten Weine wegen. „Es gibt Kleinigkeiten zu essen, natürlich“, sagt Vincenzo. Parmesan, Oliven, Toast, aber auch Bruschette, Sandwich, Toast, Crostini, alles selbst gemacht und zubereitet von Vincenzo persönlich. Was braucht es mehr. Bei geschlossenen Gesellschaften ist dem Catering aber natürlich keine Grenze gesetzt.

„Es gibt alles – außer Kaffee“, betont Vincenzo, „das lohne sich am Abend nicht“, nicht ohne verschmitzt hinzuzufügen, dass er für sich selbst schon eine kleine Espressomaschine in der Küche stehen hat. Da ist er dann doch ganz Italiener. Vor allem aber möchte Vincenzo den Aufwand überschaubar halten, denn was nützt es, meint er, wenn die schicken Weinbars in der Innenstadt zwanzig verschiedene Rotweine anbieten, von denen jeweils nur ein Glas am Abend verkauft wird; nach drei Tagen müssten die guten Weine dann weggeleert werden, unsinnig. Da lobe ich mir die überschaubare Auswahl an guten Weinen bei Vincenzo.

„Siehst du“, erklärt Vincenzo, „diese Bar bedeutet für mich in erster Linie die Möglichkeit, mich freizustellen, im Prinzip habe ich mein Hobby zum Beruf gemacht. Die Bar, wie ich sie führe, erlaubt es mir, viel zu reisen, nach Sardinien etwa, und sie erlaubt mir, viel Zeit mit meiner Familie zu verbringen. In welchem Beruf hat man das schon?“

Ich kann Vincenzo nur zustimmen und bemerke, als ich aufstehe, einen leichten, angenehmen Schwindel, das Zeichen für den Aufbruch. Ich verabschiede mich von Vincenzo und trete in die laue Abendluft am Domplatz hinaus. Es ist noch warm, auch wenn die Sonne schon eine Weile untergegangen ist. Ich denke daran, wie praktisch es ist, dass Innsbruck eine Stadt der kurzen Wege ist, und beschließe, zu Fuß nach Hause zu gehen. Ich werde für den Weg zehn Minuten brauchen, wie alle Wege in Innsbruck zehn Minuten dauern – mehr oder weniger. Heute Abend wohl ein wenig mehr …

Der letzte Lebzelter, der seinen (was macht er eigentlich?) Beruf noch ausübt …

Café Central
Gilmstraße 5, 6020 Innsbruck, Tel.: +43 512 592065
Öffnungszeiten: täglich 7–22 Uhr
www.central.co.at/de/cafe-central.html

Brixnerhaus Da Vincenzo
Domplatz 3, 6020 Innsbruck, Tel.: +43 512 563323
Öffnungszeiten: Mo–Sa 18–1 Uhr
www.brixnerhaus.at

Treibhaus
Angerzellgasse 8, 6020 Innsbruck, Tel.: +43 512 572 000
Öffnungszeiten: täglich 10–1 Uhr, an Sonn- & Feiertagen ab 16 Uhr
www.treibhaus.at

Tiroler Wachszieher und Lebzelter
Pfarrgasse 5, 6020 Innsbruck, Tel.: +43 512 580075
Öffnungszeiten: Mo–Fr 9–18 Uhr, Sa 9–17 Uhr
www.walde.at

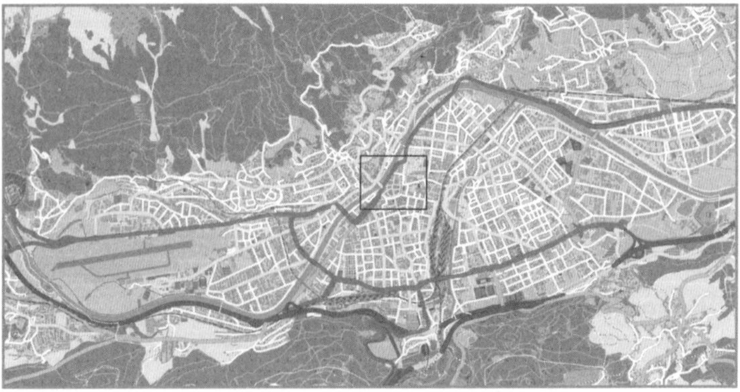

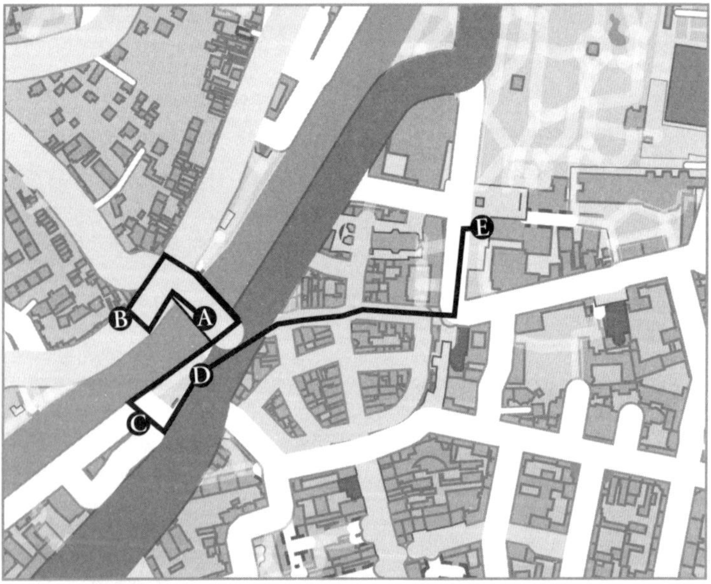

A Innbrücke
B Anpruggen
C Markthalle
D Marktplatz & Tapabar
E Landestheater

Innsbruck und die Kultur

Von Schauspielwochen und anderen Gleichgültigkeiten

Die Stadt Innsbruck hat sich Ende der Fünfziger-, Anfang der Sechzigerjahre des vorigen Jahrhunderts dafür entschieden, als Sportstadt bekannt zu sein. Was würde näherliegen, mag man sich denken. Die Lage inmitten der 2000 Meter hohen Berge und die damals sichere Schneelage machten die Innsbrucker Skigebiete und ihre vielen umliegenden Ableger in den Tälern Tirols in einer Zeit, als nach dem Krieg wieder die ersten Touristen nach Tirol kamen, zu einem Dorado des Alpinsports. Und Innsbruck wurde Sportstadt. Eine politische Entscheidung, die sich bis heute auswirkt, denkt man nur an den Stellenwert, den der Wintersport für die Tiroler vom Kindergarten an hat. Dann kamen die Olympischen Spiele und mit diesem Sportgroßereignis wurde die inhaltliche Ausrichtung endgültig zementiert. Tirol und Innsbruck wurden zum Inbegriff des Wintertourismus, ich erinnere: Heutzutage urlaubt jeder sechste Wintertourist weltweit in Tirol! Die Rahmenbedingungen, um moderne Olympische Spiele auszutragen, haben sich natürlich geändert; für ein Sportevent dieser Größe ist Innsbruck und Umgebung inzwischen zu klein. Die Stadt begnügt sich damit, sich um die Nachwuchsspiele wie die

Universiade oder Jugendolympiade zu bewerben und sie auch zu bekommen; es scheint, als wäre Innsbruck mit Olympia untrennbar verbunden.

Diese und ähnliche Gedanken beschäftigen mich auf meinen Spaziergängen rund um die historische Altstadt, entlang der ehemaligen Stadtmauer beim Burggraben und weiter zum Marktgraben bis hin zum Marktplatz mit der Markthalle und der Innsbruck seinen Namen gebenden Innbrücke. Über mir ist wie meist blauer Himmel, und da es in den letzten Tagen geschneit hat, zeigt sich die Nordkette, von den Wäldern unterhalb bis zur Hungerburg und hinauf zur Seegrube, weiß überzuckert, als wäre da ein Konditor am Werk gewesen. Das ist Winter, das sind Berge. Ein Winterwonderland für den modernen, stressgeplagten Kurz- und Langurlauber. Ein Postkartenidyll, und es ist schwer, diese Beschreibung ohne bitteren Beigeschmack und verzogene Mundwinkel auszusprechen. Auch in Tirol sind längst die Schattenseiten des modernen, ressourcenintensiven Massentourismus sichtbar geworden, man denke nur an das alljährliche Spektakel rund um das Hahnenkammrennen in Kitzbühel. Für die Einwohner bedeutet das Ballermann in den Bergen, Saisonarbeit, Umweltverschmutzung, Zerstörung von Naturschutzgebieten. Die im Land mächtigen Seilbahnbarone matchen sich periodisch mit diversen Bürgerinitiativen und Umweltaktivisten, um die jeweils neue Skischaukel oder das nächste Gondelprojekt durchzuboxen. Seltene Vogelarten sind oft die einzigen Verbündeten der von der anderen Seite als Fortschrittsverweigerer diffamierten Naturschützer. Die heutigen Touristen, speziell jene, die im Winter kommen, sehen davon nichts oder wollen davon nichts sehen.

Dabei war Tourismus in der Mitte des vorigen Jahrhunderts noch etwas ganz anderes. Nach dem Krieg kamen zuerst wieder die deutschen Gäste, bald auch die ehemaligen Feinde, vor allem Franzosen und Engländer. Die Franzosen etwa, weil der eine oder andere von ihnen das Land von der

Besatzungszeit nach dem Krieg noch kannte, die Engländer vielleicht in der Tradition des Alpinismus; viele Bezwinger von Alpengipfeln waren ja Briten.

Die ersten Gäste jedenfalls lebten mit den Gastfamilien, es war noch nicht die Zeit der Hotelburgen, meist waren es schlichte Fremdenzimmer, die vermietet wurden, indem etwa die Eltern zu den Kindern ins Zimmer zogen und ihr eigenes Schlafzimmer den Gästen überließen. Die ersten Touristen waren ins Familienleben eingebettet, vor allem bei den gemeinsamen Mahlzeiten, und diese sehr persönliche Bindung führte oft zu jahrzehntelangen Freundschaften zwischen Gast und Gastgeber. Diese Art des Tourismus war vielleicht tatsächlich ein Postkartenidyll. Diese Zeit ist vorbei, der Mythos blieb aber erhalten und Tirol und Innsbruck pflegen ihn mit Hingabe.

Die Bilder, die dabei verwendet werden, gehen auf die frühen Sechzigerjahre des vergangenen Jahrhunderts zurück. Die Tirol Werbung erfand legendäre Sujets, die als Logo – heute würde man das Branding und Markenbildung nennen – um die Welt gingen. Das ist im Nachhinein gesehen natürlich unbezahlbar. Der bekannte Kitzbühler Maler Alfons Walde stellte seine Gemälde skifahrender Sportler zur Verfügung, der Grafiker Arthur Zelger entwarf den allseits bekannten und bis heute verwendeten Tirol-Schriftzug, der einem etwa auch kurz nach der Europabrücke auf dem Weg zum Brenner und nach Italien entgegenprangt.

Von Alfons Walde wurde mittlerweile durch einen aufwendigen Bildband bekannt, dass er zahlreiche Fotografien – zum Teil als Vorlage für spätere Gemälde – machte, die einen explizit erotischen Inhalt hatten. Mit Vorliebe fotografierte er nackte Frauen, Bäuerinnen aus der Nachbarschaft oder in Kitzbühel durchreisende Bekannte, und man kann sich vorstellen, dass es in der liberalen Stimmung der 1920er- und 1930er-Jahre recht ausschweifend zuging. Auffallend ist allemal, dass Walde eine Vorliebe für das weibliche Hinterteil hatte, es gibt ein paar pornografische Fotoserien, die explizit Geschlechtsverkehr zeigen. Und die wedelnden Skifahrer? Die gab es auch, die anderen Motive waren für eine Plakatwerbung wohl weniger geeignet.

Arthur Zelgers vielleicht bekanntestes Plakat (von 1949) zeigt eine braun gebrannte Skifahrerin in gelber Keilhose, die sich lachend auf ihre Skistöcke stützt – auch hier war eine Fotografie die Grundlage. Im Sport durften Frauen durchaus Hosen tragen, auch wenn es sonst nicht gern gesehen wurde, das leuchtende Gelb entspringt allerdings Zelgers Fantasie – wenigstens das sorgte für einen kleinen Aufreger. Arthur Zelger – der jahrzehntelang sein Atelier im Zelger-Modehaus seines Onkels Ecke Maria-Theresien-Straße/Anichstraße hatte – prägte mit seiner von ihm so genannten Gebrauchsgrafik das Bild von Innsbruck und Tirol. Zahllos sind seine Sujets für Hotels, Gasthäuser und lokale Firmen, als Plakatwerbung, als Kinodiapositiv, auf Briefpapier. Zelger hatte in Wien an der Kunstgewerbeschule unter anderem bei Joseph Binder gelernt und arbeitete mit klaren, reduzierten Formen. Nicht nur das Tirol-Logo stammt von ihm, auch das Sujet und die Piktogramme zu den Olympischen Spielen 1964 und 1976, diverse Briefmarken und Münzmotive. Ein Detail am Rande: Zelger war später – als Tirol und sein Logo zur Marke wurden – so gar nicht einverstanden mit der „Eingrenzung" seines Schriftzugs in den heute markanten roten Balken. Der Erfolg, so scheint es, ist Zelger auch ein wenig passiert, ebenso wie den Touristikern, die dem losen Tirol-Schriftzug Fesseln angelegt haben.

Berge und Schnee – das sind die zwei einprägsamen Eigenschaften, die der moderne Tourist mit Innsbruck verbindet. Ich habe mittlerweile die Innbrücke fast erreicht und nähere mich beim Marktplatz dem Inn. Auf der anderen Uferseite sieht man den historischen Stadtteil Mariahilf mit seinen vielfarbigen, in Pastelltönen gehaltenen Häuserfassaden, das wohl berühmteste Postkartenmotiv Innsbrucks. Darüber die Berge, darunter der Inn, der wintergrün schillert wie ein sehr breiter Bergbach. Der historische Name des Stadtteils lautet Anpruggen und wird in letzter Zeit mit Stadtteilfesten und anderen Aktionen ein wenig gepflegt.

Die Berge. Man hört von vielen Zugezogenen, etwa den Vorarlberger Studenten, dass sie mit diesen hohen Bergen anfangs so gar nicht zurechtkommen. Auch meine Frau stammt aus Vorarlberg, aus dem lieblich-hügeligen vorderen Bregenzerwald, und brauchte Jahre, um sich an die Berge zu gewöhnen. In jeder Wohnung, die wir gemeinsam bezogen, der Kontrollblick zum Fenster hinaus: Sieht man die Berge? Nein? Gut. Ein Gefühl der Enge und Kleinheit stelle sich ein angesichts der Berge, es fehle die Weite, klagte sie. Ein Gefühl, das ich gut nachempfinden kann. Eine Landschaft prägt die Wahrnehmung, und für einen Flachländer, dessen Blick sich sonst weit in der Ferne am Horizont in der Ebene verliert, mag der begrenzte Blick in Innsbruck, in ganz Tirol befremdend sein. Den Hang zu Engstirnigkeit und fehlende Weltläufigkeit kann ich den Innsbruckern nicht absprechen – ob das an den Bergen liegt? Die Sehnsucht nach Weite ist dafür vielleicht – küchenpsychologisch gesprochen – der Grund, warum man in Tirol mit dem Bergsteigen und dem alpinen Skilauf begonnen hat: um den Gipfel zu erreichen und um endlich ein wenig in die Ferne schauen zu können. Und was sieht man? Noch mehr Berge …

Apropos Engstirnigkeit und Landschaft. Wer nicht viel von der Welt sieht, zieht sich gerne in die eigene Welt, seine nahe Umgebung zurück. Ob aus Not oder Unvermögen sei dahingestellt, aber es gibt wohl kaum ein bekannteres Klischee als jenes des selbstbewussten Tirolers, der auf sein Land stolz ist. Dazu muss man nicht erst den historischen Freiheitshelden Andreas Hofer als Zeugen heranziehen, da braucht man nur in eine Diskussion mit einem Tiroler über Südtirol, und ob das jetzt Italien ist, verwickelt zu werden – schon ist der Spaß vorbei, das ist eine ernste Sache. Der Lokalpatriotismus der Tiroler und Innsbrucker scheint ihnen von der Landschaft, den Bergen, dem Schnee über die Jahrhunderte eingeschrieben worden zu sein. Dieser Sinn für die Heimat spiegelt sich im heutigen Trend zur Regionalität, besonders bei Lebensmitteln.

Ich wende mich von Mariahilf und dem Inn ab und betrete die Markthalle. Hier haben Bauern und Händler der Gegend ihre Stände und bieten frisches Obst und Gemüse an, aber auch Kräuter, Gewürze, Blumen, Brot, Käse, Kaffee, Süßes, Spirituosen, Fisch, Oliven und vieles mehr. Der Trend zu biologischer Landwirtschaft ging in den letzten Jahren auch in Innsbruck und Tirol Hand in Hand mit dem Trend zu (ökologisch) kurzen Wegen und nachhaltigem Wirtschaften, zu einer stärkeren Nachfrage nach regionalen und saisonalen Produkten. Die Innsbrucker Markthalle hat an diesem Standort eine lange Tradition, hier wurde von 1880 an täglich Obst und Gemüse verkauft. Das Gebäude (die heutige Westhalle) wurde 1913/14 nach Plänen von Fritz Konzert errichtet, Ende der 1950er-Jahre wurde die heutige Osthalle angebaut. Der Markt beliefert traditionell die gehobene Innsbrucker Innenstadt-Bürgerschicht mit frischen Lebensmitteln, hier gibt es die Damen, die drei Deka (30 Gramm) hiervon und zwei Deka (20 Gramm) davon nehmen, ein Schollenfilet, einen Bund Spargel, denen man hofiert und die mit „gnädige Frau“ angesprochen werden, was sie gerne annehmen, da es ihnen gebührt. Auch wenn die Konkurrenz der Supermärkte und diverser Diskonter heute einer Einrichtung wie der Markthalle natürlich zusetzt, erfreut sie sich mittlerweile wieder großer Beliebtheit – ein Besuch lohnt auf jeden Fall.

Landschaft bedeutet in Tirol also Kulturlandschaft, die von den im Land noch immer mächtigen Bauernbünden oder eigentlich den Bauern beackert und gehegt wird. Die ursprüngliche Wortbedeutung von Kultur als „eine Landschaft

Sinn für frisches Gemüse: die Markthalle

kultivieren“ findet in Tirol noch heute ihre Entsprechung. Manche Spötter sehen die Bauern auch mehr als Landschaftspfleger im Dienst des Tourismus, deren erste Aufgabe es ist, die Wiesen und Felder zu pflegen, damit die Touristen sich an der landschaftlichen Idylle erfreuen können, und erst in zweiter Linie als Produzenten von Grundnahrungsmitteln. Denn tatsächlich decken die Innsbrucker und Tiroler ihren Nahrungsmittelbedarf vorwiegend durch Importe aus dem Ausland und dem restlichen Österreich ab.

Tiroler Gemüse ist eine Marke wie die Tirol Werbung, eine letzte Bastion der einfachen Bauerngenossenschaften gegen die allumfassenden Lebensmittelkonzerne aus dem Ausland, die mit ihren konventionellen Produktionsbedingungen dem einfachen Bauern die Lebensgrundlage rauben, ihm quasi die Scholle unter den Füßen wegziehen. Dabei gibt es auch Stimmen, die wissen wollen, dass so mancher Bauer aus Thaur bei Innsbruck seinen Salat und sein Gemüse im Großmarkt in München kauft, um es mit Tiroler Aufschlag als Tiroler Gemüse in der Markthalle an die ökologisch geschulte bürgerliche Oberschicht zu verkaufen. Und eines gebe ich noch zu bedenken: Wenn wir nach Vorarlberg fahren, passieren wir ausgedehnte Gemüsefelder entlang der Inntalautobahn. In Vorarlberg dann kann man diesen Autobahnsalat als regionale Tiroler Spezialität mit eigenem Gütesiegel kaufen. Und es stellt sich die Frage, wo dieser ganze Tiroler Salat bei dem begrenzten Raum überhaupt wachsen soll. Wie in vielen anderen Bereichen des Lebens bezahlt man auch beim Tiroler Salat für das gute Gewissen mit.

Ich verlasse die Markthalle und überquere den Marktplatz. Bei der kleinen Tapabar mache ich eine Pause. Sobald die ersten wärmeren Tage im März kommen, kann man an den Tischen im Freien die Sonne genießen. Ich bestelle mir einen Espresso und schaue zum Inn hinüber. Auf dem Marktplatz finden über das Jahr die verschiedensten Veranstaltungen statt, er ist ein Treffpunkt der Innsbrucker, wie es Marktplätze auch in früheren Zeiten waren.

Heute wird hier Kultur konsumiert, etwa beim alljährlichen New-Orleans-Festival im Juli, das auf eine Initiative des Musikers und Kabarettisten Markus Linder zurückgeht und von nationalen und internationalen Musikbands bespielt wird. Hier dreht sich für einige Tage alles um Swing und Blues. New Orleans ist eine von Innsbrucks Partnerstädten, und so bevölkern in den Sommermonaten zahlreiche Austauschstudenten den Campus und die Lokale der Innsbrucker Innenstadt.

Regelmäßig trifft man sich auf dem Marktplatz für *Public Viewings* während diverser Sportgroßveranstaltungen. Seit Fußball zum Breitensport geworden ist und auch bei den Zuschauern in der Mitte der Gesellschaft und beiderlei Geschlechts angekommen ist, werden die diversen Europa- und Weltmeisterschaften zu Familienerlebnissen, samt dazugehörigem Catering bestehend aus Wurst und Limonade oder Bier.

Aber Fußball ist nicht der einzige Sport, den es am Marktplatz zu sehen gibt. Regelmäßig finden auch Boulder-Weltcups statt, die weltbesten Sportkletterer messen sich. Der

Christkindlmarkt, der auch auf dem Marktplatz mit zahlreichen Ständen vertreten ist, scheint für viele Menschen ebenfalls als eine Art Sport zu gelten, denkt man nur an die Ausdauer der Besucher …

Das hat mit Kultur im Sinne von Kunst nur sehr wenig zu tun, denke ich, während ich mir noch einen Espresso bestelle. Dabei hätte es in Innsbruck nicht so kommen müssen, dass aller Aufwand, alle Mühe der Stadt in den Sport fließen. In den Jahren nach dem Zweiten Weltkrieg entwickelten sich in anderen Städten Festivals, in Salzburg knüpfte man an die Tradition der Festspiele von Regisseur Max Reinhardt wieder an (der seinerzeit zwischen Innsbruck und Salzburg schwankte und sich schließlich für Letzteres entschied), in Bregenz bildete sich ebenso eine international beachtete Marke mit dem Aushängeschild Seebühne, Festivals gab es ebenfalls in Wien und Graz. Um ein Haar wäre in dieser Zeit auch in Innsbruck eine künstlerische Tradition entstanden, und zwar ein Sommertheater. Der später weltberühmte Schauspieler Oskar Werner hatte die Idee, im Sommer in Innsbruck großes Theater zu machen, er wollte die Pause auf den Bühnen in Deutschland und in Wien nutzen, um internationale Stars nach Innsbruck zu holen für seine Innsbrucker Schauspielwochen. Der *Spiegel* zitierte Werner in seinem Abgesang auf das Festival im September 1959: „Warum sollte mir nicht gelingen, was Reinhardt mißlang." Immerhin profilierte sich Österreich nach dem Krieg als Kulturnation, bis heute wird das „offizielle" Österreich nicht müde, das zu betonen. Dass sich dieses Kulturösterreich vornehmlich auf Wien mit seiner k. u. k. Vergangenheit, seinen Theatern, dem Musikverein, den Wiener Philharmonikern und dem Neujahrskonzert beschränkt, ist ein anderes Thema. Im Jahr 1959 sollte jedenfalls dieser Versuch, Innsbruck der Kunst näherzubringen, stattfinden. Der sechsunddreißigjährige Werner, damals schon der wichtigste Schauspieler seiner Generation, musste wegen Desinteresse der Innsbrucker Stadtführung für seine Festwochen selbst als Unternehmer auftreten und schloss einen Vertrag mit dem Tiroler Landestheater ab. Dabei hatten ihm die Stadt Innsbruck und das Land Tirol bereits 1956 von solchen Unternehmungen abgeraten und eine Subvention des Wiener Unterrichtsministeriums lieber für die Passionsspiele in Erl verwendet. Die Stadt Innsbruck stellte Oskar Werner das Landestheater samt technischem Personal für einen Monat unentgeltlich zur Verfügung, darüber hinaus erhielt er eine freie Wohnung, einen Dienstwagen (samt livriertem Chauffeur) und, wie der *Spiegel* im Herbst '59 im bereits zitierten Artikel genüsslich erwähnt, „eine Kanzlei, Zimmer 19 der Innsbrucker Hofburg, wo zeitweilig Kaiser Maximilian I., der volksnahe letzte Ritter, residierte. Als Kanzleichef bestallte Werner den 73-jährigen wirklichen Regierungsrat a. D. Leopold Jaschke, der bereits 1910 in der Kanzlei des Wiener Burgtheaters ‚g'sessen hoat' und sich wehmütig an die Zeiten des Kaisers Franz Joseph erinnert: ‚Wann der im Sommer in Ischl war, war's Theater halt aa do.' Wenn der Kaiser ins Theater ging, erinnert sich Jaschke, wagte kein Mensch von Reputation, der Aufführung fernzubleiben. Mit einiger Resignation mußte Jaschke erkennen, daß Festspiele in demokratischen Zeitläuften anderen Gesetzen unterliegen."

Oskar Werner hatte mit *Kabale und Liebe* von Friedrich Schiller und Franz Grillparzers *Weh dem, der lügt*, jeweils mit ihm selbst in der Hauptrolle, ein anspruchsvolles Programm für seine Festwochen geplant. Am Ende stand die völlige Teilnahmslosigkeit der Tiroler Bevölkerung sowie der Oberen von Stadt und Land; weder Bürgermeister Alois Lugger noch Landeshauptmann Hans Tschiggfrey kamen zu den Vorstellungen; am Ende machte Oskar Werner einen Verlust von 125.000 Mark. Da nützte es nichts, dass er zwischenzeitlich die Preise der Eintrittskarten um die Hälfte reduziert hatte, das Publikum blieb aus. Bitter resümierte Oskar Werner: „In Tirol verwenden sie die Bretter des Lebens nur zum Skifahren."

Das lag in erster Linie wohl nicht an Werner selbst, sondern am Jahr 1959. Die Schlachten am Bergisel und der Freiheitskampf Andreas Hofers jährten sich zum 150. Mal und ganz Tirol kannte den ganzen Sommer lang kein anderes Thema. Über Wochen wurde der siegreichen Schlachten gegen die Bayern und Franzosen in den napoleonischen Kriegen von 1809 gedacht, Bergfeuer wurden entzündet, zahllose Blasmusikmärsche inszeniert und unzählige Schnäpse von Marketenderinnen in Tracht ausgeschenkt, gipfelnd im großen Landesfestumzug. Das öffentliche Tirol samt Innsbruck interessierte sich schlicht nicht für Hochkultur, sondern für das volkstümliche Brauchtum aus alter Zeit. Für Innsbruck war das Scheitern der Schauspielwochen eine absichtlich vertane Chance. In den Worten von Oskar Werner: „Ein Kind ist in den Windeln gestorben." Wäre das heute anders?

Drei Jahre später gelang Oskar Werner mit *Jules und Jim* (an der Seite von Jeanne Moreau und Henri Serre) unter der Regie von François Truffaut der internationale Durchbruch (unter Truffaut spielte Werner später auch die Rolle des Montag in *Fahrenheit 451*).

Und Innsbruck? War 1964 das erste Mal Austragungsort der Olympischen Winterspiele – die Entscheidung für den Sport war gefallen.

Ich trinke meinen letzten Rest Espresso aus, zahle und schlendere ein paar Meter weiter zur Innbrücke, und damit zu einem weiteren schwierigen Kapitel im Verhältnis zwischen Kunst und Innsbruck.

Leger lümmelt Poseidon, in seinem Rücken das Tiroler Landestheater.

Zum Nachlesen

Im Rahmen einer viel beachteten Ausstellung von aut. architektur und tirol über Arthur Zelger und die Gebrauchsgrafik in Tirol ist von Anita Kern und Kurt Höretzeder (Hg.) ein umfassender Begleitband mit dem Titel „Ikonen und Eintagsfliegen. Arthur Zelger und das Grafikdesign in Tirol“ (Haymon Verlag) veröffentlicht worden.

Im Wiener Fotomuseum WestLicht war Anfang 2015 eine Ausstellung zum erotischen fotografischen Werk Alfons Waldes zu sehen, dazu erschien von Peter Coeln (Hg.) ein sehenswerter Band: „SchauLust. Die erotische Fotografie von Alfons Walde“ (Haymon Verlag).

Orte zum Verweilen

Markthalle Innsbruck
Herzog-Siegmund-Ufer 1–3, 6020 Innsbruck
Öffnungszeiten: Mo–Fr 7.00–18.30 Uhr, Sa 7.00–13.00 Uhr, Gastronomie bis 22.00 Uhr

Tapabar
Innrain 2, 6020 Innsbruck
Tel.: +43 512 58 63 98
Öffnungszeiten: täglich von 8.30–1.00 Uhr
www.cammerlander.at/tapabar/

Von Kunstskandalen und der Frömmigkeit der Tiroler

Kunstskandal und Innsbruck – das scheint zusammenzupassen, was an der katholischen Prägung des Landes liegen mag; tatsächlich hatten Kunstskandale in Tirol oft religiöse Hintergründe. Nach dem Zweiten Weltkrieg kamen die Ausläufer der Moderne – von Aufklärung möchte man gar nicht sprechen – nur sehr zögerlich über die Grenzen des Landes bis nach Innsbruck.

Es ist ein schöner Tag in Innsbruck, blauer Himmel, leichter Föhn, ich spaziere Richtung Innbrücke. An der Westseite der Brücke sticht dem Betrachter eine Skulptur ins Auge, eine Arbeit des Tiroler Künstlers Rudi Wach, der im Auftrag der Diözese in den Achtzigerjahren eine Bronzeskulptur eines gekreuzigten Jesus schaffen sollte. Das machte der nicht an Skandalen interessierte Künstler dann auch, allerdings verzichtete er darauf, dem Gekreuzigten einen Lendenschurz zu modellieren. Ein Skandal für die Gläubigen, hinter die sich der damalige Bischof Reinhold Stecher stellte. Die Skulptur wurde verschämt entfernt und für zwanzig Jahre im Arkadenhof des Innsbrucker Volkskunstmuseums aufgestellt, ehe sie schließlich doch noch im Jahr 2007 auf Betreiben der damaligen

Bürgermeisterin Hilde Zach an ihrem ursprünglich vorgesehenen Platz auf der Innbrücke montiert wurde. Heute lockt das Kreuz keinen Gläubigen mehr hinter dem Ofen hervor und es ist vielleicht ein Zeichen für eine in Innsbruck mittlerweile eingezogene Weltläufigkeit, die es ermöglicht, Kunst im öffentlichen Raum stattfinden lassen zu können.

Ein ähnlicher Skandal ereignete sich auf der Hungerburg, wo jahrelang der international geschätzte Zeichner Paul Flora sein Haus hatte, der sich für den stark gescholtenen Künstler Max Weiler einsetzte. Denn Weiler sorgte auf der Hungerburg für einen veritablen Skandal. Ziel meines Spaziergangs ist die Theresienkirche auf der Hungerburg oberhalb von Innsbruck. Ich steige beim Marktplatz in den Bus J, der über die Innbrücke nach Hötting und weiter auf die Hungerburg fährt. Keine Sorge, die Einfahrt in die sehr schmale Höttinger Gasse schafft der Bus, auch wenn es absolut unmöglich scheint. Langsam rumpelt der Bus bergan durch einen der ältesten Stadtteile Innsbrucks, der von den Einheimischen „Koatlackn" genannt wird, da früher der schlechten Kanalisation wegen dieser Stadtteil vor allem bei Regen ein – nun, sagen wir – hygienisches Problem hatte. Die freie Übersetzung des Begriffs „Koatlackn" liegt deshalb auf der Hand.

Der Bus passiert die schöne Höttinger Kirche und biegt in die Höhenstraße ein; es geht nun über ausladende Serpentinen auf das schmale Hochplateau der Hungerburg, das dann doch überraschend dicht besiedelt ist. Ich verlasse den Bus an der Endhaltestelle, mit mir steigen die letzten Skifahrer der Saison aus, denn der Bus hält an der Talstation der Seilbahn, die die Sportler auf den zweiten Innsbrucker Hausberg neben dem Patscherkofel, die Seegrube, oder noch weiter auf das Hafelekar bringt. Ein Ausflug auf die Seegrube und das Hafelekar ist auch jedem Besucher von Innsbruck, der keine

sportlichen Ambitionen hegt, sehr zu empfehlen, über den Ausblick auf die Stadt und weiter in die umliegenden Gebirge kann man nur staunen – sommers wie winters übrigens. Im Winter kann man in Liegestühlen im Schnee sonnenbaden, sommers gelangt man von hier aus ins Karwendel, ein weitläufiges Wandergebiet.

Anstatt mich aber noch mehr über die Stadt zu erheben, biege ich in den nahen Hungerburgweg ein und erreiche nach etwa 200 Metern die Theresienkirche. Der Maler Max Weiler, der schon für seine Fresken im Innsbrucker Hauptbahnhof verfemt war, schuf im Auftrag der Diözese 1945 einen Freskenzyklus, der unter anderem auch eine Kreuzigungsszene zeigt. Die ungemein bildgewaltige und farbintensive Darstellung war modern und kunsthistorisch unbestritten großartig, nur leider – muss man sagen – stellte Weiler die römischen Soldaten, die Jesus den Speer in die Seite rammen, in Tiroler Tracht dar. Ausgerechnet die ob ihrer Frömmigkeit bekannten Tiroler als Jesusmörder abzubilden, war natürlich eine Provokation, die einen veritablen Skandal nach sich zog, der bis in den Vatikan getragen wurde. Die Fresken mussten durch die Polizei geschützt werden und wurden jahrelang mit schwarzen Tüchern verhängt. Heute interessiert das niemanden mehr, mittlerweile kann man die Fresken in der wenig besuchten Kirche abseits von Innsbruck in aller Ruhe betrachten; mit etwas Glück entdeckt einen auch der zuständige Pfarrer, der jeden Besucher sofort und umstandslos in ein Gespräch verwickelt, ihn in einen privaten Teil der Kirche führt und ihm eine originale Skizze des skandalträchtigen Freskos von Weiler zeigt, die eher einer Kinderzeichnung gleicht als dem schnell hingeworfenen Entwurf eines Max Weiler. Ich nicke dennoch, als mich der Pfarrer auf die Unterschiede von Skizze und Fresko hinweist, auf kleine Details und Besonderheiten. Das Werk ist übrigens unvollendet, das Fresko *Stets in Not und Kriegsgefahr* wurde nicht ausgeführt.

Der beeindruckende Blick in die Theresienkirche, Max Weiler an den Seiten und an der Stirnseite Ernst Nepo

Noch die intensiven Farben Weilers vor Augen schlendere ich zur Bushaltestelle zurück. An der Haltestelle Ölberg steige ich aus und gehe hinunter zum gleichnamigen Gasthof Ölberg. Hier kann man leider nicht mehr einkehren, aber schön war's damals. Es ist nach wie vor sonnig und ich würde mir gerne einen Platz auf der Terrasse suchen, von der aus man die Stadt überblickt. Das Gasthaus war früher ob seiner Lage äußerst beliebt. Ich gehe den kleinen Pfad unterhalb des Gasthauses an einer Schafweide vorbei abwärts – wenn man nur immer abwärts geht, landet man irgendwann in der Stadt. In zehn Minuten, sagen die Einheimischen.

Max Weiler, der sich stets auf seine Tiroler Herkunft bezog, aß noch in seinem Wiener Atelier, obwohl längst ein international anerkannter Maler, am liebsten einfache Tiroler Hausmannskost und schätzte die wohl zu seiner Zeit einfache Tiroler Lebensweise. Säße ich jetzt im Gasthaus, würde ich ein Tiroler Gröstl bestellen. Eine Speise, die auch Max Weiler gefallen und geschmeckt hätte, und wohl auch Paul Flora (der übrigens auch von Max von Esterle lernte). Als blutjunger Verleger schrieb ich dem bekannten Tiroler Zeichner Paul Flora

Die Tiroler als Jesusmörder und ein gelbes Mädchen, das dieses Unrecht in die Welt schreit.

einen Brief mit der Anfrage, ob es die Möglichkeit einer Zusammenarbeit gebe – Frechheit siegt und wer nichts wagt …, mag ich mir gedacht haben; immerhin erschienen Floras Zeichnungen in der *Zeit* – vor allem die markanten Krähen und die Figur des Richard Wagner in Venedig waren legendär –; im Zürcher Diogenes Verlag galt er als kongenialer Partner vieler Autoren von Hans Weigel bis Peter Hacks. Er antwortete mir sehr freundlich, aber leider ablehnend (immerhin war er schon über achtzig) auf seinem schlichten Briefpapier. Der Briefkopf enthielt als Adresse: Paul Flora, Hungerburg, Innsbruck. Nichts weiter, keine Straße, keine Hausnummer. Der Briefträger kannte ihn wohl. So ist das in Tirol, so ist das in Innsbruck.

Zum Nachkochen

TIROLER GRÖSTL (FÜR 3 PERSONEN)

Zutaten
600 g Kartoffeln, geschält
Butterschmalz zum Anbraten
1 große Zwiebel, geschält und klein geschnitten
250 g Rindfleisch (oder Bergwurst)
frische Kräuter nach Belieben
Kümmel, Salz und Pfeffer

Zubereitung
In Stücke geschnittene Kartoffeln werden der in Butterschmalz angebratenen Zwiebel zugegeben (Variante: Kartoffeln vorkochen und dann erst braten). Meist werden Rindfleischstücke hinzugefügt und das Ganze in der Pfanne gebraten, mit Kräutern nach Wunsch, Kümmel, Salz und Pfeffer würzen; traditionell werden Petersilie und Schnittlauch als Würze verwendet. In einer Variante des Gröstls werden Eier über den Kartoffeln aufgeschlagen und mitgebraten. Für meine Variante des Gröstls verwendet man statt des Rindfleischs klein geschnittene Bergwurststücke, die mitsamt den Kartoffeln mit etwas scharfem Paprikapulver oder Chili verfeinert werden.

Tipp

Theresienkirche
Pfarramt Hungerburg
Gramartstraße 4, 6020 Innsbruck
Tel.: +43 512 292219

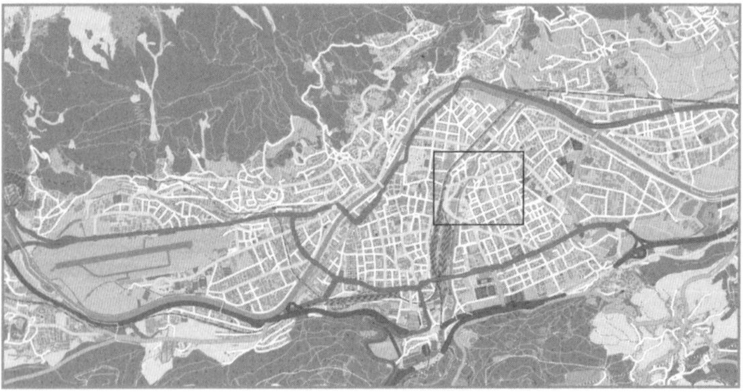

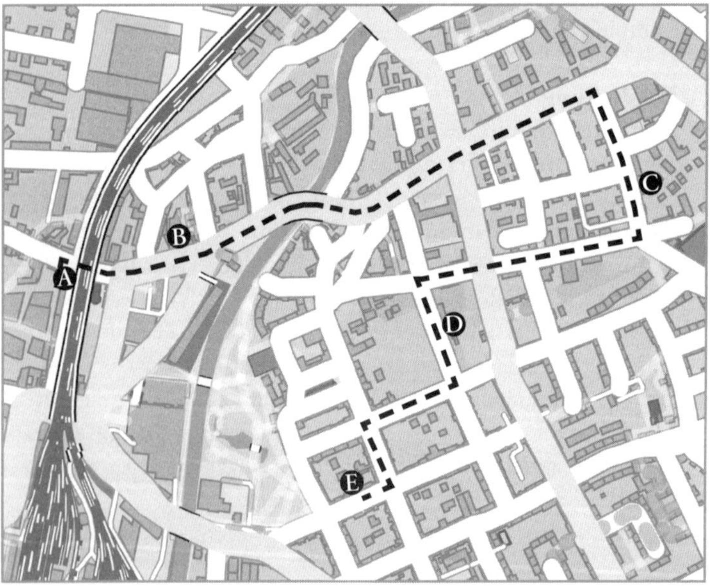

A Babalon
B Die Bäckerei –
Kulturbackstube
C Radiomuseum
D Bauernhof
E Oscar kocht

Do-it-yourself in Innsbruck

Von langen Nächten in den Bögen und der Kulturbäckerei

Ich spaziere die Universitätsstraße stadtauswärts entlang, weg von der Innenstadt und hin zum wirklichen Innsbruck, das weniger schick und poliert ist. Ich schlendere an kleinen Geschäften und Lokalen vorbei, aber auch an blinden Auslagen, an langsam verblassenden Schildern ehemaliger Firmen. Vor mir tauchen die Viaduktbögen auf, auf denen die Züge Richtung Wien rollen. Unter den Gleisen reiht sich ein Ausgehlokal an das nächste, in den Bögen sammeln sich insbesondere an den Wochenenden die Feierwütigen und -willigen, es ist für jeden Geschmack eine Bar dabei. Auch wenn Sie vor den Bögen, die es erst seit den Neunzigerjahren des vorigen Jahrhunderts gibt, gewarnt werden – die Szene ist zum Teil übel beleumundet –, hören Sie nicht darauf: Die Bögen sind nicht so gefährlich, wie mitunter die Leute vom Land glauben; und sicher die spannendste Möglichkeit an den Wochenenden mit anderen zu feiern oder wochentags ein Feierabendbier zu trinken; es gibt mit dem Weli ein Lokal für Brettspiele im familiären Ambiente, Rave-Schuppen und Rock-Beisln, das p.m.k., das als Plattform mobiler Kulturinitiativen im Alternative-Bereich seit Jahren eine rege Konzerttätigkeit entwickelt, und Bars wie

Die Kulturbäckerei

das Babalon, in dem man im stark ironischen Angesicht einer Holzmadonna, die die Mitte des Raumes dominiert, gepflegt den Abend ausklingen lassen kann. Es kann spät werden in den Bögen.

Folgt man der Verlängerung der Universitätsstraße, der Dreiheiligenstraße weiter Richtung Sill, vorbei am Jugendzentrum z6, erreicht man nach ein paar Metern eine der interessantesten Kultureinrichtungen Innsbrucks, die erst vor fünf Jahren gegründete Bäckerei – Kulturbackstube. Sie ist der legitime Nachfolger des ehemaligen Kulturgasthauses Bierstindl am Fuße des Bergisels, wo sich früher die (nicht nur alternative) Kulturszene getroffen hat. Doch die Bäckerei geht in ihrer Ausrichtung über alle gängigen Kulturkonzepte hinaus. Sie ist laut Eigendefinition schlicht eine „Plattform für kulturellen und sozialen Austausch", sie bietet Raum für Kulturveranstalter oder kulturell Interessierte, die in der Bäckerei ihre Ideen verwirklichen können.

Der Name geht tatsächlich auf eine Bäckerei zurück, nämlich die ehemalige Großbäckerei Therese Mölk, aus der sich mittlerweile der lokale Lebensmittelfilialist MPREIS entwickelt hat. Die Räumlichkeiten in der Dreiheiligenstraße standen lange leer, ehe drei junge Leute – Christoph Grud, Klaus Schennach und Christina Mölk – die Bäckerei gründeten. Letztere konnte durch ihre familiären Bande zur Besitzerfamilie erreichen, dass der Ort befristet für Kultur verwendet werden darf. Die Bäckerei selbst ist ein Ort ständigen Umbruchs, sie wurde nur spartanisch renoviert und für die Bedürfnisse adaptiert, das leicht verlotterte Ambiente versprüht ein wenig Abbruchhaus-Charme.

Die Bäckerei ist nicht nur Veranstalter, sondern vielmehr Ideenwerkstatt der Innsbrucker Kulturszene. Natürlich finden hier zahllose Veranstaltungen statt: von Kabarett bis zur Lesung, Theater, Konzerte, Poetry-Slams, es gibt aber auch Treffpunkte wie die „Bikerei", bei der man unter Anleitung sein eigenes Fahrrad reparieren kann, Märkte wie die „Unikaterie", wo junge DesignerInnen Selbstgenähtes verkaufen, Coworking-Space, ein Gartenprojekt auf dem Dach der Bäckerei und zuletzt noch ein frisch eingezogenes Bienenvolk samt Möglichkeit, sich selbst summende Mitbewohner zuzulegen. Es gibt die „KUNSCHTschule", die Kinder und Jugendliche in die Techniken der Malerei einführt, ebenso wie das Projekt „fünfzig und kunst erfahren", das Interessierten Raum für kreative Erfahrungen bietet.

Ich kehre für einen Sprung im Café ein und trinke einen raschen Espresso. Für besonderen Charme sorgen die zusammengewürfelten Sitzgelegenheiten, allesamt nicht zueinander passende, ausgemusterte Sessel, Stühle, Sofas, die von so manchem Flohmarkt stammen dürften. Hinter der Bäckerei steckt viel – auch konzeptuelle – Arbeit. Mittlerweile haben sich zu den drei Gründern der Bäckerei eine Reihe anderer Enthusiasten gesellt, die mit ihren Ideen die Bäckerei immer weiter tragen.

Schuchters Radiomuseum

Die spannendsten Initiativen entstehen oft ohne große Planung, sondern durch Engagement und Leidenschaft für eine Sache. Die Do-it-yourself-Bewegung ist Ausdruck eines generellen Misstrauens gegenüber klassischen Kulturverwaltern und der Versuch, in einer unüberschaubar gewordenen Zeit auf privater Ebene seinen Weg zu finden. Als etwas antagonistischer Vertreter der Do-it-yourself-Bewegung ist vielleicht jener jung gebliebene Mann zu sehen, den ich nun besuchen will. Ich verlasse die Bäckerei Richtung Sill und folge der Reichenauer Straße Richtung Reichenau. Ich könnte auch zwei Stationen mit der Buslinie O fahren, denn der Weg an der vielbefahrenen Straße ist nicht sonderlich hübsch. Auf der Höhe des Reithmanngymnasiums biege ich schließlich rechts in die Kravoglstraße ab und komme nach etwa 200 Metern zu einem Schild, das mir ein besonderes Museum anzeigt, das selbst Innsbrucker kaum kennen.

Das Radiomuseum Innsbruck ist ein aus der Zeit gefallenes Refugium für ein Medium, das von der Zeit überholt wurde. Ich treffe Hans Schuchter (zum Autor gibt es keine Verwandtschaft), der für mich extra aus dem Tiroler Oberland gekommen ist, denn das Museum ist normalerweise nur am Montag für ein paar Stunden geöffnet. „Kein Problem“, bedeutet er mir, schließlich geht es um seine Leidenschaft: das Radio in all seinen Facetten.

Das Radiomuseum Innsbruck bietet auf kleinem Raum eine mehr als erstaunliche Auswahl an historischen Geräten, deren Klang im Rahmen von Hörstationen zum Teil nachgelauscht werden kann. Das geht auf eine Kooperation mit dem ORF zurück und auf eine Ausstellung zu „90 Jahre Radio“. Für einen Moment denke ich, dass das eigentlich gar nicht so lange her ist, erinnere mich aber selbst daran, dass die Ära des Radios in Zeiten von Musikstreamingdiensten und Music-on-Demand eigentlich vorbei ist. Hört man den Geschichten von Hans Schuchter zu und folgt seinen Ausführungen zu den einzelnen Exponaten, die er in jahrelanger Arbeit selbst repariert hat, scheint das unglaublich. Dennoch ist der Besuch im Museum wie eine Zeitreise, nicht nur, wenn ich Hans Schuchter näher ins Gesicht schaue. Der 1931 Geborene erzählt mir, wie er in der väterlichen Firma zusammen mit seinem Bruder beim Vater die Lehre zum Radiotechniker machte und so früh der Grundstein für die Radioleidenschaft gelegt wurde. Der Vater, Karl Schuchter, war auch Erfinder, der unter anderem eine besondere Wellen-Modulationstechnik entwickelte, die insbesondere im Funkbereich zu militärischen Zwecken seine Verwendung fand. Aber der Krieg ist lange her. Irgendwann übernahm Hans Schuchter die Firma und irgendwann musste er sie auch wieder aufgeben, denn der Verkauf von Radios und Fernsehern wurde durch die Konkurrenz großer Firmen in den Achtzigerjahren des vorigen Jahrhunderts schlicht unrentabel. In der Pension schließlich begann Hans Schuchter sein Hobby, alte Radios zu sammeln und zu reparieren, für andere zugänglich zu machen und eröffnete das Radiomuseum. Wie nebenbei gesteht er mir, dass seine große Liebe dem Jazz gilt. Und der dazugehörigen Zeit. Tatsächlich höre ich aus den vielen Stimmen, die durch das Museum schwirren, Miles Davis und andere Größen heraus.

Hans Schuchter in seinem Reich, hier mit einem Detektorradio

„Es ist ein Museum zum Anfassen", erklärt Hans Schuchter und lässt mich einige Schaustücke ausprobieren, nicht ohne seinen didaktischen Auftrag zu vergessen. Anhand einer großen beleuchteten Schalttafel erklärt Hans Schuchter meist Schülern, wie man anhand eines Schaltplans ein altes Radio repariert. Daneben zeigt er, wie Starkstrom aussieht, eine Station weiter kann man ein wenig Strom durch seinen Körper fließen lassen, ohne dass man ihn spürt.

Zum Niederknien sind die liebevoll restaurierten Geräte aus den Anfängen des Radios: das Detektorradio von 1920 etwa, das ohne eigene Stromquelle funktioniert, auch die Volksempfänger aus den Dreißigerjahren des vorigen Jahrhunderts mit obligatorischem Hakenkreuz-Emblem, die sogenannte Göbbels-Schnauze, wie ich erfahre, benannt nach dem Propagandaminister der Nazis, dazwischen Infoboxen, die über berühmte Erfinder – etwa Emil Berliner, der die Schellack-Platte erfand – aufklären. Wie aus einer anderen Zeit.

Hans Schuchter bewirtet mich noch mit einer Tasse Kaffee und berichtet mir, dass es jetzt einen Verein gebe. Zusammen reparieren sie jede Woche alte Radios, auch jüngere Leute seien dabei, an die wolle er sein Wissen weitergeben, ebenso wie die Liebe zum Jazz. „Besucher können aus einer schönen Musiksammlung auswählen und einfach hören“, erzählt Schuchter. Oder eigene Platten mitnehmen und hier hören. „Denn die wenigsten haben heute noch einen funktionierenden Schallplattenspieler.“ Ein Problem, das Hans Schuchter nicht kennt.

Ich nehme noch ein paar Takte Miles Davis mit und mit einem wehmütigen Blick auf ein Gerät von 1930, das alte Leder des Koffers, den polierten Kopf, die Nadel, den Plattenteller, verabschiede ich mich von einem der wenigen Aficionados des Radios in Innsbruck. Noch in der Türe verspreche ich, bald wiederzukommen.

Oscar kocht in intimen Rahmen und mit Liebe zum (vegetarisch-veganen) Detail

Von der scharfen Ecke bis Oscar kocht

Ich biege zehn Meter weiter in die Egerdachstraße ein und folge ihr Richtung Innenstadt. Diesen Abend möchte ich in einem ganz speziellen Restaurant ausklingen lassen. Nach kurzer Gehzeit lasse ich nach einer Ampel rechter Hand einen städtischen Kindergarten hinter mir und biege nach etwa 50 Metern links in einen für Fahrzeuge gesperrten Gehweg ein. Hier merkt man, dass der Stadtteil Pradl vor 100 Jahren noch ein Dorf war, links von mir liegt noch immer ein Bauernhof, rechts eine weitläufige Wiese, ein paar Kühe stehen im vorderen Teil. Das alles mitten in der Stadt. Ich überlege mir, wie bauernschlau man sein muss, wenn man im Jahre 2015 einen so ausgedehnten Grund noch sein Eigen nennen kann, und spekuliere, dass sich der Bauer wohl eines Tages damit eine goldene Nase verdienen wird. Da fährt der Bauer auch schon aus der Einfahrt, nicht auf einem holprigen Traktor, sondern bequem in einem nagelneuen Jaguar, den Jägerhut schief auf dem Kopf. So viel zur goldenen Nase. Die Gasse wird von den Einheimischen übrigens „Fåckengasse" genannt, Facken sind Schweine, die früher herdenweise Richtung Schlachthaus im angrenzenden Saggen getrieben wurden. Heute treiben Muttis ihren Nachwuchs über die Fåckengasse vom nahen Kindergarten nach Hause.

In der Amthorgasse gehe ich nach rechts und biege schließlich in die Pradler Straße ein, das eigentliche Zentrum des Stadtteils mit vielen inhabergeführten Geschäften, vom Metzger bis zum Obstgeschäft; einen Trödler gibt es und eine Kinderbuchillustratorin hat hier in einem Innenhof ihr Atelier. Am „scharfen Eck" biege ich nach rechts ab. Die Ecke heißt so, weil hier die Straßenbahnlinie 3 eine 90-Grad-Kurve macht und in früheren Zeiten wohl manches Mal zu schnell um die Kurven gesaust ist, die jüngeren Innsbrucker verbinden mit dem scharfen Eck nur das Chinarestaurant an der gleichen Kurve und denken dabei wohl an die scharfe Sauce, die sie sich auf die Frühlingsrollen schmieren. Am gleichen Eck findet man auch den Friseurweltmeister Schwamm, der ganz typisch für Innsbruck ist. Dabei rede ich nicht von den zahlreichen Haarsalons, die sich so sinnige Namen wie Crehaartiv, Haarlekin und Haarmonie einfallen haben lassen, nein, beim Weltmeister hört sich der Spaß auf. Allerdings findet man allein in Pradl gut drei Friseurweltmeister und die inflationäre Zurschaustellung dieses Titels lässt einen schon zweifeln. Ich behalte jedenfalls meine Haare und denke an die seltsame Blüte dieses Trends, demzufolge sich der Wirt eines Natterer Gasthauses Weltmeister in kalter Platte nennen darf. Dem ist nichts hinzuzufügen.

Ich gehe gute zehn Meter weiter und lande in der Defreggerstraße 21 und bei „Oscar kocht", ein klitzekleines Lokal mit nur einem Tisch. Hier kocht Oscar Germes-Castro für bis zu acht Personen. Vor allem abends sollte man reservieren. Oscar kocht ausschließlich vegan und vegetarisch, frisch, kreativ und offen, wie er das wohl kleinste Restaurant Innsbrucks beschreibt, mit bevorzugt biologischen oder fair gehandelten Lebensmitteln, die von ihm, sofern möglich, direkt vom Erzeuger ohne Zwischenhändler bezogen werden. Oscar kocht mediterrane Gerichte mit mexikanischen Akzenten, auch wenn es ein paar Fixpunkte gibt: italienische Pasta am Dienstag,

Mittwoch Quiche, Donnerstag Risotto und Freitag Tortilla. Für einen spontanen Besuch empfiehlt sich ein Platz an der Bar, um etwa die ausgewählten österreichischen Rot- und Weißweine aus dem Burgenland und der Thermenregion, diverse Cocktails und dazu die Tagesspeisen als Tapas zu probieren. Vielleicht ist heute Abend ja noch ein Sitzplatz frei …

Orte zum Verweilen

Die Bäckerei – Kulturbackstube
Dreiheiligenstraße 21a, 6020 Innsbruck
Tel.: +43 680 2472260
Öffnungszeiten Büro: Mo–Do 9.30–12.30 Uhr und 13.30–18 Uhr
Ansonsten je nach Veranstaltung
www.diebaeckerei.at

Radiomuseum Innsbruck
Kravoglstraße 19a, 6020 Innsbruck
Tel.: +43 525 22170
Öffnungszeiten: Jeden Montag außer Feiertag 10–13 Uhr
Führungen nach Voranmeldung möglich
www.radiomuseum.wg.vu

Oscar kocht
Defreggerstraße 21, 6020 Innsbruck
Tel.: +43 660 6174417
Öffnungszeiten: Di–Sa 12–14 Uhr und 18–22 Uhr
Ruhetage: Samstagmittag, Sonntag, Montag und Feiertage
www.oscarkocht.com

Innsbruck von außen – die Umgebung

Von Hall, Seefeld und dem Möserer See

Oft kann man erst mit einem gewissen Abstand die Dinge klarer sehen und besser beurteilen, so verhält sich das wohl auch mit Städten. Es schadet nichts, um Innsbruck zu verstehen, auch hier ein wenig Abstand zu gewinnen.

Ein Ausflug in die nahe mittelalterliche Stadt Hall bei Innsbruck lohnt da zum Beispiel sehr. Hier lässt es sich durch die größte noch erhaltene mittelalterliche Altstadt Nordtirols flanieren, denn Hall war wegen seiner Salinen und seines Münzregals, also dem Privileg, Münzen prägen zu dürfen, jahrhundertelang von großer Bedeutung. Heute lockt Hall alljährlich im Herbst ein internationales Lesepublikum zum renommierten Literaturfestival Sprachsalz, bei dem über drei Tage hinweg zahlreiche Autoren lesen.

Ein weiteres beliebtes Ausflugsziel der Innsbrucker ist das fast 1200 Meter hoch gelegene Seefeld, zu erreichen per Auto über die Autobahn und den Zirler Berg oder per Bahn über eine spektakuläre Bahnstrecke, die sich an der Martinswand entlang in die Höhe schraubt. Die Martinswand ist übrigens Teil einer bekannten Erzählung rund um Kaiser Maximilian I., der sich auf der Jagd nach Gämsen in der Wand verstiegen haben soll und dann weder vor noch zurück konnte. In größter

Die Haller Altstadt bezaubert durch verwinkelte Gässchen.

Not erschien dem Kaiser ein Engel, der ihn auf wunderbare Weise gerettet haben soll. Seefeld jedenfalls ist ein Schneeloch – nicht umsonst wurde vom Seefelder Anton Seelos der Parallelschwung erfunden –, und falls sich im Tal kein Winter einstellen will, dann entschädigt Seefeld meist für das bange Warten auf den ersten Schnee. Es ist außerdem einer der ältesten und bekanntesten Fremdenverkehrsorte Tirols mit einem großen, leicht mondänen Dorfkern mit zahlreichen Boutiquen, Gasthäusern und Lokalen sowie einem Ableger der Casinos Austria in etwas ländlichem Stil. Seefeld ist der gemütliche Versuch eines internationalen Winter-Jetsets à la St. Moritz mit robustem Unterbau.

Nahe Seefeld liegt Mösern mit dem Möserer See, einem kleinen, idyllisch gelegenen Bergsee, der zwar zu den wärmsten Seen Tirols zählt, was aber nur heißt, dass die anderen Seen entsetzlich kalt sein müssen. Das Baden kostet jedenfalls auch im Hochsommer ein wenig Überwindung, die Lage des Sees mitten im Wald ist aber wunderschön – und er ist einer der letzten Badeseen, an dem Hunde erlaubt sind. Das Wandern hier ist beschaulich, die Bankfrequenz am Ufer des Sees entlang lässt auf betagtere Gäste als Zielgruppe schließen.

In der anderen Richtung, im Süden von Innsbruck im sogenannten Mittelgebirge, gibt es eine Menge empfehlenswerter Wanderrouten, denn die Tiroler sind in ihrer Freizeit tatsächlich überwiegend in der Natur abseits der Stadt unterwegs, ob per Mountainbike, Ski oder zu Fuß. Ein schöner Spaziergang führt von Igls aus (von der Stadt aus zu erreichen mit der Straßenbahnlinie 6) Richtung Lanser See und Lanser Moor und Richtung Golfplatz. Nach einer gemütlichen Dreiviertelstunde erreicht man die urige Jausenstation Vogelhütte, ein kleines, traditionelles Gasthaus, dessen Spezialität die selbst gebackenen Kuchen sind. Kurios sind die zahlreichen ausgestopften Vögel, aber auch Marder und Füchse an den Wänden der Gaststube, die irgendwie aus der Zeit herausgefallen wirken.

Viele Innsbrucker wandern natürlich auch regelmäßig auf die zahlreichen Almen rund um die Stadt, die meist mit Gehzeiten zwischen einer und zwei Stunden zu erreichen sind, je nachdem wie versiert die Gehenden sind. Eine Besonderheit ist vielleicht die Rinner Alm auf dem Patscherkofel, die von einer ausgebildeten Sommelière bewirtschaftet wird. Das hat den im ersten Moment seltsamen Effekt zur Folge, in über 1300 Meter Seehöhe aus einer Weinkarte wählen zu können, die keinen Vergleich mit gehobenen Weinlokalen zu scheuen braucht. Und während einem die höflichen Kellnerinnen im Dirndl den Wein dekantieren und immer wieder aufmerksam nachschenken, sitzt man an rustikalen Holztischen mit karierten Tischdecken, Almdudler-Sonnenschirmen über dem Kopf und vielleicht einer Speckknödelsuppe vor sich.

Der klassischste Ausflug der Innsbrucker ist aber der nach Südtirol, das erst seit etwa hundert Jahren zu Italien gehört, was sich auch durch die diversen Einflüsse der italienischen Küche bis nach Innsbruck bemerkbar macht. Der Sinn für einen guten Espresso, für aromatische Pestos oder annehmbare Pasta hat sich mittlerweile im interkulturellen Austausch, vor allem aber im Alltag der Innsbrucker und Innsbruckerinnen durchgesetzt.

Die Fahrt auf oder über den Brenner gehört für die meisten Innsbrucker ebenso zur Kindheit wie die Fahrten nach Innsbruck für die Südtiroler. Während die Innsbrucker am Brenner besonders in Vor-EU-Zeiten die italienische Mode oder den Wein suchten, so fuhren die Südtiroler umgekehrt nach Nordtirol, um Joghurt oder andere Lebensmittel einzukaufen. Heute kommen sie zum IKEA, in Oberitalien gibt es nämlich keinen.

Es ist ein Phänomen vieler Grenzregionen, dass der Austausch zwischen den verschiedenen Landesteilen oder auch Nationen in erster Linie über das Essen geht, über ganz pragmatische Entscheidungen der einfachen Bürger, die man heute Konsumenten nennt, wenn sie sich für die günstigeren Lebensmittel auf der anderen Seite der Grenze interessieren. Die Innsbrucker fuhren traditionell ja nicht nur nach Südtirol und weiter ins Trentino, sondern immer auch nach Mittenwald nahe Seefeld, über Kufstein ins nahe Rosenheim nach Deutschland oder gleich weiter bis nach München, der nächstgelegenen wirklichen Großstadt.

Heute fahren die Innsbrucker nach wie vor auf den Brenner zum Markt oder ins nach der Grenzöffnung neu eröffnete Outlet, in dem viele internationale Marken ihre Waren günstiger verkaufen. Nach dem Ende der Grenzkontrollen, mit dem EU-Beitritt Österreichs, verlor die Brennergrenze ihre politische Bedeutung und der Grenzort Brenner verwahrloste für ein paar Jahre, was man vor allem an der schäbigen Fassade der Kaserne für die Carabinieri, die italienischen Grenzer, beobachten konnte. Mittlerweile aber ist der Brenner vom Grenzort über den beliebten Tagesausflug zu etwas Verbindendem zwischen den zwei Tiroler Landesteilen geworden. Die Innsbrucker decken sich mit Vorliebe mit italienischem Käse, Esskastanien oder Torrone ein, auch als Mandorlato oder Türkischer Honig bekannt. Ganz abgesehen davon verbinden Verwandtschaftsverhältnisse die beiden Tirols, viele Familien wurden ja durch die sogenannte Option im Zuge des Hitler-Mussolini-Abkommens zerrissen und auf zwei verschiedene Staaten verteilt.

Wer nur auf den Brenner und nicht weiter fahren will, dem empfehle ich, die Reise bequem ab Innsbruck mit dem Zug anzutreten, besonders im November und Dezember. Denn obwohl Schnee zum Winter gehört, werden die Frächter alljährlich überrascht. Kolonnen von Lkws sind Jahr für Jahr beim ersten Schnee mit Sommerreifen unterwegs und wundern sich, dass sie in der Steigung zum Brenner hinauf hängen bleiben.

Ein besonderer Brauch im Herbst ist das Törggelen. Dazu fahren die Innsbrucker alljährlich im Oktober oder November ins nahe Sterzing, Brixen oder in eine andere Gemeinde Südtirols. Törggelen, das seinen Namen von der Torggel, der Weinpresse, hat, ist eine Art Schlachtpartie zur Feier des Ernteendes im Herbst. Zum Törggelen gehört die Verkostung des heurigen Weins, der nur in den südlicher gelegenen Gebieten ab Brixen angebaut wird; ein bemitleidenswerter Teilnehmer eines solchen Ausflugs ist zur Abstinenz verdammt, will die ganze Gesellschaft wieder heil nach Hause kommen. Abschluss und Besonderheit des Törggelen sind für mich persönlich die über dem offenen Feuer gebratenen Esskastanien, die in Südtirol des milden Klimas wegen tatsächlich wild wachsen. Wer will, gehe in die Wälder und suche sich seine Kastanien selbst. Oder pflücke am Wegesrand die schon reifen Trauben von den Weinstöcken, denn ein gewisses Maß an Mundraub wird – so glaube und hoffe ich – toleriert.

Orte zum Verweilen

Jausenstation Vogelhütte

Sparbeggweg 53, 6072 Lans, Tel.: +43 512 379750
Öffnungszeiten: Di–Fr ab 11 Uhr; Sa, So und Feiertag ab 10 Uhr

Rinner Alm

Rinner Berg 1, 6074 Rinn, Tel.: +43 5223 78409
www.rinner-alm.com

Durch diese hohle Gasse (in Hall) muss er kommen – etwa zum Sprachsalz Literaturfestival

Innsbruck-Tipps

Mobil sein in Innsbruck

IVB Kundencenter
Stainerstraße 2, 6020 Innsbruck
Tel.: +43 512 5307-500
Öffnungszeiten: Mo–Fr 7.30–18 Uhr
www.ivb.at
Der öffentliche Verkehr in Innsbruck wird verantwortet von den IVB (Innsbrucker Verkehrsbetrieben). Das IVB-Kundencenter befindet sich zentral in der Stainerstraße 2, hier gibt es gratis einen Liniennetzplan, der auch als Stadtplan taugt.

Kaufen Sie niemals ein Einzelticket! Es ist unfassbar teuer! Und vor allem nicht beim Bus- oder Straßenbahn-Fahrer! Da ist es noch teurer! Es gibt je nach Länge des Aufenthalts Tagestickets (auch für Gruppen), Wochen- und Monatstickets, für sporadische Benutzer gibt es 5-Fahrten-Tickets.

Wer Innsbruck per Fahrrad erkunden möchte, kann sich ein Rad leihen, das an über die Stadt verteilten Stationen ausgeborgt und zurückgegeben werden kann: www.stadtrad.ivb.at.

Ein Wort zur Mobilität: Seit Jänner 2013 fahren alle Einwohner der estnischen Hauptstadt Tallin in öffentlichen Verkehrsmitteln kostenlos; das wäre für eine Touristenstadt wie Innsbruck eine Überlegung wert. Kostenlose öffentliche Verkehrsmittel für Einheimische *und* Touristen würden einen so positiven Werbewert für die Stadt bewirken, der selbst mit ausgeklügelten Werbekampagnen nicht zu erreichen wäre. Das Gleiche gilt im Übrigen für kostenloses WLAN im gesamten Stadtgebiet für jeden. Vielleicht eine Utopie für die nahe Zukunft.

In Reih und Glied; und hoffentlich bald ausgeliehen

nextbike
nextbike
34040
34180
34052

Bücher, Musik und Filme

Liber Wiederin
Erlerstraße 6, 6020 Innsbruck
Tel.: +43 512 890365
Öffnungszeiten: Mo–Fr 9–18.30 Uhr, Sa 9–17 Uhr
www.liberwiederin.at
Kleine, sehr schöne inhabergeführte Buchhandlung mit hervorragendem Sortiment; spezialisiert auf Belletristik, wissenschaftliches Sachbuch und Kinderbuch. Abseits des Standardsortiments der großen Buchhandelsketten findet man hier ein sehr ausgesuchtes Sortiment, das man in Ruhe bei einer (kostenlosen) Tasse Kaffee, etwa im Sommer auf der kleinen Terrasse im Innenhof bei Sonnenschein durchblättern kann. Empfehlenswert ist auch der Besuch der zahlreichen Lesungen, die sich großer Beliebtheit erfreuen. Eine Besonderheit ist die architektonische Gestaltung.

Buchhandlung Haymon
Sparkassenplatz 4, 6020 Innsbruck
Tel.: +43 512 571818
Öffnungszeiten: Mo–Fr 9.30–18.30 Uhr, Sa 10–17 Uhr
www.haymonbuchhandlung.at
Eine ebenso architektonische Besonderheit ist die kleine Buchhandlung Haymon ein paar Meter weiter am Sparkassenplatz. Die bis an die hohen Decken reichenden Regale spiegeln sich in der schwarzen Decke und erwecken so den Eindruck eines Büchermeers. Die ganze Buchhandlung ist in schlichtem und elegantem Schwarz gehalten. Die Buchhandlung selbst gehört zur Haymon-Verlagsgruppe, zu der neben dem bekannten Belletristik-Verlag Haymon noch die Verlage Löwenzahn (Ratgeber und Kulturführer), Studienverlag (Wissenschaft) und Wagner (Kulturgeschichte und Geschichte Tirols) gehören. Das fein gewählte Sortiment wird passend durch die Bücher aus den eigenen Verlagen ergänzt.

Die architektonisch wertvolle Buchhandlung Haymon

Antiquariat Gallus
Anichstraße 25, 6020 Innsbruck
Tel.: +43 512 585000
Öffnungszeiten: Di–Fr 10–13 Uhr und 14–18 Uhr, Sa 10–13 Uhr
www.gallus.co.at
Das Antiquariat Gallus ist eine Entdeckung für Liebhaber antiquarischer Bücher. Das weiträumige Ladenlokal verströmt schon beim Betreten einen ganz eigenen Charme mit viel Patina. Gut sortiert bei Tirolensien, Kunstgeschichte und Theologie sowie mit einem reichen Fundus an Kupfer-, Stahl- und Holzstichen für jeden Geldbeutel. Am gleichen Standort firmierte auch das alte Innsbrucker Verlagshaus Felizian Rauch, dessen Tradition bis ins Jahr 1754 zurückgeht; bis in die zweite Hälfte des 20. Jahrhunderts war in dem Geschäft die Papier- und Bürowarenhandlung Karl Rauch (nicht verwandt mit Felizian Rauch) untergebracht; sowohl der Verlag als auch die Handlung für Bürowaren gingen im Antiquariat Gallus auf.

Die Buchhandlung Tyrolia im Obexer-Haus

Buchhandlung Tyrolia
Maria-Theresien-Straße 15, 6020 Innsbruck, Tel.: +43 512 2233-0
Öffnungszeiten: Mo–Fr 9–18 Uhr, Sa 9–17 Uhr
www.tyrolia.at
Die ursprünglich christliche Buchhandlung Tyrolia, gegründet vom katholisch-politischen Pressverein Brixen in Südtirol, ist wohl die traditionsreichste Buchhandelskette in Tirol mit zahlreichen Filialen in den meisten größeren Orten Tirols. Durch die Abtretung Südtirols an Italien nach dem Ersten Weltkrieg wurde sie aufgeteilt in die Südtiroler Athesia und die Nordtiroler Tyrolia. Heute eine moderne Buchhandelskette mit internationalem Anspruch gehört die Tyrolia zu den fünfzig größten Buchhandlungen im deutschsprachigen Raum. Zum Konzern gehört auch der renommierte Tyrolia Verlag in Innsbruck, der vornehmlich in den Bereichen Bergbuch, Ratgeber und christliche Literatur Bücher publiziert. Die Buchhandlung in der Maria-Theresien-Straße ist eine Innsbrucker Institution.

Buchhandlung Wagnersche

Museumstraße 4, 6020 Innsbruck, Tel.: +43 732 7615-68229
Öffnungszeiten: Mo–Fr 9–19 Uhr, Sa 9–17 Uhr
www.thalia.at

Die Buchhandlung Wagnersche geht auf eine der ältesten Buchhandlungen der Stadt zurück, zu deren Wurzeln auch der Wagner Verlag und die Wagnersche Buchdruckerei gehörten. Sie zählt zu den schönsten Buchhandlungen in Innsbruck.

Leokino

Anichstraße 36, 6020 Innsbruck
Tel.: +43 512 560470
Öffnungszeiten: nach Programm
www.leokino.at

Cinematograph

Museumstraße 31, 6020 Innsbruck
Tel.: +43 512 560470-50
Öffnungszeiten: nach Programm
www.leokino.at

Das einzige Programmkino bietet (zusammen mit dem Ableger Cinematograph) ein fein ausgewähltes Programm von alternativem, internationalem Kino, meist im Original mit Untertiteln. Es wird vom Otto-Preminger-Institut betrieben und ist dem widerständigen Filmschaffen des bekannten Filmregisseurs verpflichtet. Eine Empfehlung ist auch das jährliche internationale Filmfestival IFFI (www.iffi.at) mit Lateinamerikaschwerpunkt, mittlerweile werden aber auch viele Filme aus Afrika oder etwa den Teilstaaten des ehemaligen Jugoslawiens gezeigt. Inhaltlich verantwortlich für das Filmfestival ist auch zwanzig Jahre nach der Gründung der Innsbrucker Cineast und Che Guevara des Tiroler Films, Helmut Groschup.

Musikladen Innsbruck
Sparkassenplatz 2, 6020 Innsbruck, Tel.: +43 512 582392
Öffnungszeiten: Mo–Fr 10–18 Uhr, Sa 10–17 Uhr
Einige Jahre lang glaubte man, dass etwa Videotheken durch die digitale Revolution der modernen Medien zwangsläufig vom Aussterben bedroht wären; das Gleiche galt für die kleinen Musikläden, denn in Zeiten des Musikdownloads oder Streamings per Flatrate würde Musik ohnehin nur noch per MP3 konsumiert werden. Eine erfreuliche Ausnahme ist der Musikladen am Sparkassenplatz, der nach wie vor inhabergeführt ist und eine sehr spezielle Auswahl an Musik-CDs bietet, die man in den Bestsellerregalen der großen Elektronikmärkte vergeblich suchen würde. Unbedingt empfehlenswert.

Alternativkultur und Ausgehen

Babalon
Viaduktbogen 22, 6020 Innsbruck
Tel.: +43 512 581589
Öffnungszeiten: Di–So 18–3 Uhr
Teil der berüchtigten Ausgehmeile der Bögen (benannt nach den Viaduktbögen, über die die Züge vom Hauptbahnhof in den Osten fahren), wo eine Bar nach der anderen zu finden ist, sticht das Babalon durch seine zurückhaltende Ästhetik und sein stilvolles Ambiente hervor. Inmitten des Raumes steht als ironisches Zitat auf die Gläubigkeit der Tiroler eine Madonnenstatue, um die herum man auch sitzen kann. Sehenswert!

Die Bäckerei – Kulturbackstube
Dreiheiligenstraße 21a, 6020 Innsbruck
Tel.: +43 680 2472260
Öffnungszeiten Büro: Mo–Do 9.30–12.30 Uhr und 13.30–18 Uhr
Abends fast jeden Tag Veranstaltungen
www.diebaeckerei.at
Die Kulturbäckerei im stadtnahen Dreiheiligen hat sich innerhalb weniger Jahre zum Ort für Alternativkultur entwickelt; Lesungen, Theater, Kinderprogramm und vor allem Konzerte, aber auch spezielle Schwerpunkte der Do-it-yourself-Generation wie die Fahrradwerkstatt „Bikerei", wo man unter Anleitung selbst sein Fahrrad reparieren kann, oder auch die „Unikaterie", ein Flohmarkt für junge DesignerInnen, die hier ihr Selbstgenähtes direkt verkaufen können, sowie ein Co-working-Projekt, in dessen Rahmen sich Einzelunternehmer und Start-ups tage- oder wochenweise für einen Arbeitsplatz einmieten können, werden geboten. Im Sommer treffen sich alle vor dem Lokal auf dem Gehsteig. Empfehlenswert ist auch das Sonntagscafé, Kaffee und selbst gebackener Kuchen auf alten Sesseln und Sofas, sehr gemütlich.

Brixnerhaus Da Vincenzo
Domplatz 3, 6020 Innsbruck
Tel.: +43 512 563323
Öffnungszeiten: Mo–Sa 18–1 Uhr
www.brixnerhaus.at
Eine gut sortierte Bar mit einer feinen Auswahl an Spirituosen und Weinen. Schön sind vor allem das Gewölbe des kleinen Lokals und die zentrale Lage am Innsbrucker Dom. Besonders in den Sommermonaten ein Besuch wert, wenn man auf den Tischchen vor dem Lokal sitzen kann.

Freies Theater Innsbruck
Wilhelm-Greil-Straße 23, 6020 Innsbruck
Tel.: +43 664 112 92 85
Öffnungszeiten: nach Programm
www.freiestheater.at

Kellertheater
Adolf-Pichler-Platz 8, 6020 Innsbruck
Tel.: +43 512 580743
Öffnungszeiten: nach Programm
www.kellertheater.at

Westbahntheater
Feldstraße 1, 6020 Innsbruck
Tel.: +43 650 925 12 55
Öffnungszeiten: nach Programm
www.westbahntheater.at

Theater praesent
Jahnstraße 25, 6020 Innsbruck
Tel.: +43 650 643 60 36
Öffnungszeiten: nach Programm
www.theater-praesent.at

Innsbruck besitzt eine sehr rege freie Theaterszene; nach vielen Theatergründungen in den letzten Jahren gibt es jetzt gegenüber des Landhausplatzes ein eigenes Haus für die freie Theaterszene. Weitere alternative Bühnen sind das Kellertheater (eine Institution, die bereits fünfunddreißigsten Geburtstag gefeiert hat), das Westbahntheater oder auch das Theater praesent.

Treibhaus
Angerzellgasse 8, 6020 Innsbruck, Tel.: +43 512 572 000
Öffnungszeiten: täglich 10–1 Uhr,
an Sonn-, Feier- und Ferientagen ab 16 Uhr
www.treibhaus.at
Mittlerweile das dienstälteste Kulturgasthaus in Innsbruck mit fast täglichen Konzerten, Theatervorstellungen, Kabarettabenden und vielem mehr. Im Sommer ist vor allem der Gastgarten besuchenswert, ebenso sollte die Küche probiert werden. Sehenswert auch der eigene Raucherpavillon Fumoir im Garten.

Sprachsalz Literaturfestival, Hall
www.sprachsalz.com
Das internationale Literaturfestival an verschiedenen Orten in der Salinenstadt Hall, die dem Festival seinen Namen gibt, ist ein Highlight für alle Literaturinteressierten. Hauptsächlich angesiedelt im angenehmen Ambiente des Parkhotels lesen alljährlich im Herbst zahlreiche internationale Schriftsteller über drei Tage hinweg mehrmals aus ihren Büchern. Ein Ort für Entdeckungen. Das Sprachsalz Literaturfestival findet meist im September statt.

Innsbrucker Promenadenkonzerte
Bleichenweg 52 A, 6020 Innsbruck, Tel.: +43 512 361794
www.promenadenkonzerte.at
Die Innsbrucker Promenadenkonzerte unter der künstlerischen Leitung von Alois Schöpf vermitteln alljährlich im Juli im prächtigen Innenhof der Hofburg einem breiten Publikum mit täglichen Konzerten die großen Werke der Kunstmusik in der Tradition altösterreichischer Blasmusik. Nationale wie internationale Blasmusikorchester begeistern seit über zwanzig Jahren jährlich Tausende von BesucherInnen, bei freiem Eintritt und bei jedem Wetter.

Innsbrucker Prosafestival

Verein 8ung Kultur, Robert Renk

Franz-Fischer-Straße 23, 6020 Innsbruck, Tel.: +43 699 10855143

www.8ungkultur.com

Alljährlich lädt der Kulturverein 8ung Kultur von Kulturvermittler Robert Renk zahlreiche namhafte österreichische und internationale Autorinnen und Autoren zu einem dreitägigen Literaturfestival nach Innsbruck ein. Das Festival lockt 2015 bereits zum 13. Mal sowohl etablierte und namhafte AutorInnen als auch talentierte NachwuchsautorInnen im Frühling nach Innsbruck. Zusammen mit Kurator und Poetry-Slammer Markus Köhle machte Robert Renk bereits manche literarische Entdeckung und förderte so über die Jahre speziell die junge deutschsprachige Literatur.

Tiroler Wachszieher und Lebzelter

Pfarrgasse 5, 6020 Innsbruck, Tel.: +43 512 580075

Öffnungszeiten: Mo–Fr 9–18 Uhr, Sa 9–17 Uhr

www.walde.at

Die Firma Walde ist ein traditionsreiches Familienunternehmen und stellt seit 1777 hochwertige Seifen und Kerzen aller Art her. Mittlerweile hat sich das Angebot auf Kosmetika, Reinigungsmittel und Speisefette erweitert. Im ehemaligen Stammhaus in der Innstraße 23 ist heute ein Seifengeschäft mit angeschlossener Galerie und kleinem Museum untergebracht, nahe dem Domplatz findet man unter der Bezeichnung Tiroler Wachszieher und Lebzelter ein Kerzenfachgeschäft.

Kaffeehäuser, Eissalons, Gasthäuser, Spezialitäten

Café Central

Gilmstraße 5, 6020 Innsbruck

Tel.: +43 512 592065

Öffnungszeiten: täglich 7–22 Uhr

Von Oktober bis April an jedem Sonntag Pianoabend

www.central.co.at/de/cafe-central.html

Das wohl mondänste Kaffeehaus Innsbrucks nach Wiener Art ist zentral in einem wunderschönen Jahrhundertwendehaus untergebracht. Stilecht servieren hier die Kellner in schwarzen Uniformen und stehen ihren Wiener Kollegen mit ihrem „echt Wiener Grant" in nichts nach. Für Bestellungen muss also hin und wieder Geduld aufgebracht werden, der manchmal leicht grobe Umgangston ist nicht böse gemeint, sondern gehört zum Charme des Kaffeehauses. Die Qualität des Hauses ist hingegen nicht zu übertreffen, sowohl die Speisen als auch die Kuchen sind hervorragend, das üppige Zeitungsangebot macht das Café Central auch zum Treffpunkt der lokalen Literaten- und Künstlerszene. Zu empfehlen ist ebenfalls das direkt angeschlossene Hotel Central, in dem man zentral zu vernünftigen Preisen ebenfalls stilecht übernachten kann.

Konditorei Peintner

Kranewitterstraße 4, 6020 Innsbruck

(Filiale im Zentrum in der Hörtnagl-Passage – Eingang vom Burggraben oder von der Maria-Theresien-Straße)

Tel.: +43 512 342391

www.konditorei-peintner.at

Die Konditorei Peintner in der Hörtnagl-Passage sowie im Stadtteil Pradl gehört zu den besten der Stadt, vor allem die Kuchen und im Sommer das Eis werden gestürmt.

Gasthaus Anich
Anichstraße 15/ Fallmerayerstraße 8, 6020 Innsbruck
Tel.: +43 512 570450
Öffnungszeiten: Mo–Sa 9–24 Uhr, So Ruhetag
www.stift-wilten.at/de/linksammlung.php?we_objectID=48
Traditionelles Gasthaus im Zentrum mit solider und preisgünstiger bürgerlicher Küche; besonders die Auswahl an Suppen überzeugt, ebenso wie die behutsam modernisierte Inneneinrichtung. Bekanntlich trafen sich im Gasthaus Anich auch die Schriftsteller und Künstler der Tiroler Szene der Jahrhundertwende.

Gasthaus Lewisch
Bienerstraße 19, 6020 Innsbruck
Tel.: +43 512 586043
Öffnungszeiten: täglich außer Feiertag 11–24 Uhr
www.lewisch.at
Ein Geheimtipp im Stadtteil Saggen mit traditionell bürgerlicher Küche. Meist sind alle Tische besetzt, es gibt schließlich nur eine Handvoll davon – macht nichts, „Wir setzen euch einfach da dazu", so lernt man schnell neue Menschen kennen. Hier kocht der Wirt persönlich. Empfehlenswert die Auswahl an feinsten Tiroler Schnäpsen.

Obst und Gemüse Clementi
Sparkassenplatz 2, 6020 Innsbruck
Tel.: +43 512 584152
Öffnungszeiten: Mo–Fr 7.30–18.30 Uhr, Sa 8–13 Uhr
In diesem Traditionsfachgeschäft kann man sich seit Jahrzehnten mit regionalem Obst und Gemüse sowie einer großen Auswahl kandierter Früchte versorgen; für die Törggelen-Zeit im Herbst besonders wichtig sind natürlich die Kastanien, manchmal auch Maroni genannt, die im Clementi besonders zu empfehlen sind.

Das Café The Crumble im Stadtteil Wilten

Café The Crumble
Leopoldstraße 27, 6020 Innsbruck
Tel.: +43 650 940 3080
Öffnungszeiten: Di–Sa 8.30–19 Uhr, So 8.30–14 Uhr
Am Wiltener Platzl in Wilten gelegen, lässt sich in dem kleinen, sehr hübschen Café im skandinavischen Landhausstil sehr gut frühstücken, vor allem für Familien mit Kindern; es gibt auch eine eigene Spielecke. Frisches Brot, Bagel, Bio-Eier und selbst gemachte Marmeladen und Aufstriche und das ruhige, stilvolle Ambiente machen das Crumble zu einem Geheimtipp, der leider keiner mehr ist: im Zweifel lieber reservieren, problemlos per SMS an die sympathische Küchenchefin Nina Rettenbacher persönlich, da nur wenige Tische zur Verfügung stehen.

Ludwig – Das Burger Restaurant
Museumstraße 3, 6020 Innsbruck, Tel.: +43 512 319222
Öffnungszeiten: Mo–Fr 8–22 Uhr, Sa 9–22 Uhr
www.ludwig-burger.at
Ein trendiges und stilvolles Lokal mit einer feinen Auswahl von Burgern aus guten, biologischen, regionalen Zutaten und viel Selbstgemachtem.

Gasthaus Planötzenhof
Planötzenhofstraße 30, 6020 Innsbruck
Tel.: + 43 512 274017
Öffnungszeiten: Di, Mi, Fr und Sa 11.30–21 Uhr, So von 11.30–20 Uhr (durchgehend warme Küche), Mo und Do Ruhetag
www.planoetzenhof.at
Etwas oberhalb von Hötting im Wald gelegen, erreicht man dieses Gasthaus mit den Buslinien A (Haltestelle Sadrach) oder H (Haltestelle Großer Gott) und einer anschließenden kurzen Wanderung zuerst aufwärts durch bewohntes Gebiet, dann eben bis leicht aufwärts durch den Wald; auch mit dem Auto zu erreichen. Sehr schöne Terrasse vor einer großen Wiese, umgeben von Wald, großer Kinderspielplatz. Im Restaurant werden hauptsächlich Lebensmittel aus der hauseigenen Landwirtschaft verkocht.

Amorino Gelato
Herzog-Friedrich-Straße 10, 6020 Innsbruck, Tel.: +43 512 561747
Öffnungszeiten: Mo–Fr 12–22 Uhr, Sa–So 10–22 Uhr
www.amorino.com
Hervorragendes Eis zum selbstbewussten Preis; hier gibt es keine Kugeln, das Eis wird gestrichen, was eine Kombination verschiedener Sorten in einer Tüte ermöglicht. Geduld ist bei den langen Menschenschlangen in den Sommermonaten schon gefragt.

Café Katzung
Herzog-Friedrich-Straße 16, 6020 Innsbruck, Tel.: +43 512 586183
Öffnungszeiten: Mo–Sa 8–24 Uhr, Sonn- und Feiertag 9–24 Uhr
www.cafe-katzung.at
Sehr schönes und angenehmes Café mit hübschen Fensternischen; freundlicher Service und eine Auswahl an Zeitungen und Zeitschriften sowie diverse Kaffeespezialitäten und Kuchen.

Harald Baumgartner in seinem Reich

Privatbrauerei Tiroler Bier Harald Baumgartner
Feldstraße 11a, 6020 Innsbruck
Tel.: +43 664 234 6839
Rampenverkauf: Mo, Mi, Fr 14–18 Uhr
Führungen nach Vereinbarung
www.tirolerbier.at
Eine sehr feine, kleine Privatbrauerei, wie es mittlerweile in Tirol wieder einige gibt, was auch eine lange Tradition hat. Nachdem die zwei Großbrauereien in Innsbruck, Adambräu und Bürgerbräu, vor längerer Zeit verkauft und geschlossen wurden, die einzigen Bierbrauereien im Land. Neben dem mittlerweile sehr bekannten Tiroler Bier in Bügelflaschen (bis zu 2-Liter-Gebinde), das in ausgewählten Geschäften zu beziehen ist, bietet Harald Baumgartner auch einen Tiroler Bierbrand und als Besonderheit einen Tiroler-Single-Malt an. Nach Vereinbarung sind Verkostungen und Führungen durch die Brauerei möglich, es gibt an diesen Tagen auch einen Rampenverkauf.

Café Restaurant Bar Kunstpause

Museumstraße 15, 6020 Innsbruck, Tel: +43 512 572020
Öffnungszeiten: Mo–Sa 10–24 Uhr,
an Sonn- und Feiertagen geschlossen
www.kunstpause.at

Die Kunstpause ist direkt in den schönen Räumlichkeiten des Tiroler Landesmuseum Ferdinandeum untergebracht und besticht durch die gepflegte Eleganz der Innenarchitektur. Speisen kann man hier hervorragend, sowohl klassische Gerichte als auch Feinheiten wie Zitronige Garnelen-Frittata, Nordafrikanische Shakshuka, Japanische Ramen-Nudel-Suppe oder Knusprige Quinoa-Burger. Ein besonderer Tipp ist das alljährliche Entenessen samt Lesung zu Martini am 11. November, die der Verein 8ung Kultur veranstaltet. Die Schriftsteller Gerhard Jaschke und Helmuth Schönauer garnieren seit über einem Jahrzehnt ein glänzendes Menü mit unterhaltsamen Texten (Infos unter *www.8ungkultur.com*).

Obst Gemüse Niederwieser

Museumstraße 19, 6020 Innsbruck, Tel. +43 512 58840671
Öffnungszeiten: Mo–Fr 8–18 Uhr
www.niederwieser.biz

Das Obstfachgeschäft Niederwieser ist eine Institution in Innsbruck und das Geschäft in der zentralen Museumstraße nahe dem Landesmuseum nicht mehr wegzudenken. Ursprünglich hatte die Familie Niederwieser einen Stand in der Innsbrucker Markthalle, ehe das markante Ladenlokal vor etwas mehr als sechs Jahrzehnten eröffnet wurde. Neben frischem Obst und Gemüse werden auch kleine Vitaminspender (Fruchtsalate, Säfte) für zwischendurch, diverse Aufstriche, Suppen und vieles mehr angeboten.

Sonstige Besonderheiten

In Innsbruck gab es in den letzten Jahren einen starken Trend in Richtung der selbstbestimmten Do-it-yourself-Bewegung, getragen vornehmlich von der jungen, in Innsbruck vergleichsweise großen Studentenschaft, die sich für neue Lebensformen mit ökologischem Bewusstsein engagiert. Ausdruck dessen sind nicht nur die trendigen Formate der bereits erwähnten Bikerei, die Co-working-Projekte oder die Nähversuche der Unikaterie. Im Stadtteil Pradl hat sich etwa die sogenannte Nähwerkstatt in einem Ladenlokal eingemietet, wo näh- oder strickinteressierte Menschen zusammenkommen und sich über ihre Fähigkeiten austauschen, was auch eine ganz neue, solidarische Gemeinschaft zur Folge hat. Ebenso eröffnen einige einzelne mutige Menschen kleine, gastronomische Oasen und bekochen die Kunden an den wenigen Tischen selbst, nachhaltig und meist bio. (Zu empfehlen etwa das kleine Lokal „Oscar kocht" in Pradl.) Das ist ein Trend aus den Großstädten und es ist beruhigend, dass er mittlerweile auch in Innsbruck Einzug gehalten hat. Kleinimbisse mit bis zu acht Verabreichungsplätzen – wie das auf Bürokratisch heißt – sind von der Gewerberegelung ausgenommen, da braucht also ein Privatmensch keine spezielle Erlaubnis, um Dritte zu bekochen. Guerilla-Cooking sozusagen.

Eng verwandt mit dem Guerilla-Gardening, das seit einiger Zeit ebenfalls nach Innsbruck schwappt; dabei ist jeder und jede aufgefordert, mit Gärtnern seine direkte Umwelt zu verschönern, sei es der vernachlässigte Garten des Mietshauses, sei es durch wildes Säen auf öffentlichen Plätzen. Die gesittete Variante sind die zwei in den letzten Jahren entstandenen Urban-gardening-Projekte Waldhüttlgarten und innsGARTL. Beides sind Gemeinschaftsgartenprojekte, an denen sich interessierte HobbygärtnerInnen unkompliziert und nach Zahlung eines mehr symbolischen Obolus beteiligen können; der

Städter, der die Natur entdeckt. Doch es ist weitaus mehr; diese solidarischen, basisdemokratischen Projekte gemeinschaftlichen Gärtnerns sind Ausdruck einer unterschwelligen Sehnsucht nach einer Solidargemeinschaft, die die Gesellschaft nicht als Feind wahrnimmt, sondern in der jeder Einzelne bereit ist, für seine Stadt Verantwortung zu übernehmen und öffentlichen Raum zu kultivieren, im klassischen Sinne nutzbar zu machen. Dieses Engagement für die eigene Stadt, für den Nächsten, wider die Gleichgültigkeit ist eigentlich ziemlich ermutigend. Und Heinrich Heine hätte das von den Tirolern so wohl nicht erwartet.

Der Waldhüttlgarten ist ein interkulturelles, gemeinschaftliches Gartenprojekt auf dem vom Stift Wilten zur Verfügung gestellten Gelände eines ehemaligen Bauernhofes nahe dem Schloss Mentlberg im Westen von Innsbruck. Das Waldhüttl selbst wird von den Ausgegrenzten der Gesellschaft bewohnt, von Asylsuchenden und von Roma, die nach Innsbruck kommen, um die hiesige Obdachlosenzeitung *20er* zu verkaufen und damit ihre Familien zu ernähren.
www.waldhuettl.at

Das innsGARTL ist ein auf einige Jahre befristetes gemeinschaftliches Gartenprojekt auf dem Gelände eines ehemaligen Reitstalls im Stadtteil Reichenau, das mittlerweile als Gemeinschaftsgartenprojekt innsGARTL des Vereins „Freipflanzen“ genutzt wird. Ziel ist es, im Sinne des Urban Gardenings, „Innsbruck um lebendigen Grünraum zu bereichern“. Dem ist nichts hinzuzufügen.
www.freipflanzen.at